中学物理思维导图教学方法研究与实践

郝丽云　著

中国矿业大学出版社
·徐州·

内容提要

本书介绍了思维导图的缘起、作用、绘制方法，思维导图在解决物理问题中的具体应用，思维导图在新课教学中的应用与实践，思维导图在物理复习课中的应用等。

本书可供从事物理教学的教师和研究教学方法的研究者参考使用。

图书在版编目(CIP)数据

中学物理思维导图教学方法研究与实践 / 郝丽云著.
—徐州：中国矿业大学出版社，2023.9

ISBN 978 - 7 - 5646 - 4984 - 5

Ⅰ. ①中… Ⅱ. ①郝… Ⅲ. ①中学物理课—教学研究
Ⅳ. ①G633.72

中国版本图书馆 CIP 数据核字(2021)第 047580 号

书　　名 中学物理思维导图教学方法研究与实践
著　　者 郝丽云
责任编辑 于世连
出版发行 中国矿业大学出版社有限责任公司
(江苏省徐州市解放南路　邮编 221008)
营销热线 (0516)83885370　83884103
出版服务 (0516)83995789　83884920
网　　址 http://www.cumtp.com　**E-mail**:cumtpvip@cumtp.com
印　　刷 徐州中矿大印发科技有限公司
开　　本 787 mm×1092 mm　1/16　**印张** 7.25　**字数** 142 千字
版次印次 2023 年 9 月第 1 版　2023 年 9 月第 1 次印刷
定　　价 50.00 元

序　言

在教育改革进入深耕细作的阶段，以创新的手法去解决错综复杂的教育难题尤为必要，《中学物理思维导图教学方法研究与实践》这本书，是一线教师在思维教学层面上一次创新性的尝试和重大的突破。

在物理学习方面，无论是物理现象的感知，物理观念、物理概念的形成，物理规律的抽象和理解，还是物理问题的解决都离不开人脑的思维加工。而这种思维往往看不到，而思维导图教学能使学生隐性的思维显性化。把“思维导图”作为一种新元素植入课堂，创新了物理课堂模式，深化了可视化的认知工具在教学中的应用。这本书言简意赅地讲述了思维导图的缘起、概述、作用及绘制方法，简单明了地分析了思维导图引入物理教学的现实意义，重点介绍了思维导图在解决物理问题中的方法和实践。

思维导图的优越性毋庸置疑，但如何找到思维导图和物理新教学的有效切入点很难。书中给出了具体的思维导图新课教学模式，详细介绍了思维导图在课堂教学的各个环节的应用，打破了传统教学中学生被动学习和低效学习的状态，从预习、听课笔记、讨论交流、到归纳总结充分展示了思维导图在变革课堂模式上的有效作用。

在知识信息化时代，信息剧增，如何化繁为简，使学生持续提升学习力，进而永葆竞争力，思维导图无疑是帮助学生获取成功的一种有效工具。书中具体生动地展现了学生如何利用思维导图进行高效复习的具体操作模式和环节。

本书图文并茂，内容翔实，案例丰富，所讲内容切合当前物理教学实际。这对从事中学教育的一线老师具有非常好的启发作用。

田成良

目　录

第一篇　思维导图基本理论

第二篇　中学物理思维导图教学方法实践

第一篇

思维导图基本理论

第一章 思维导图概述

在知识信息化时代，信息剧增，人们应能化繁为简，使自己持续提升学习力，进而保持竞争力。思维导图无疑是很好的帮助人们获取成功的一种工具。思维导图可以帮助人们快捷学习，有效存储信息，了解自我和他人的思维路径，构建自己的知识体系。

第一节 思维导图缘起

思维导图是20世纪60年代英国东尼·博赞创造的一种笔记方法。这种笔记方法能够整理和记录他人的想法和自己的思考。东尼·博赞先生为什么会发明思维导图，请看下面的示例(图1-1)。

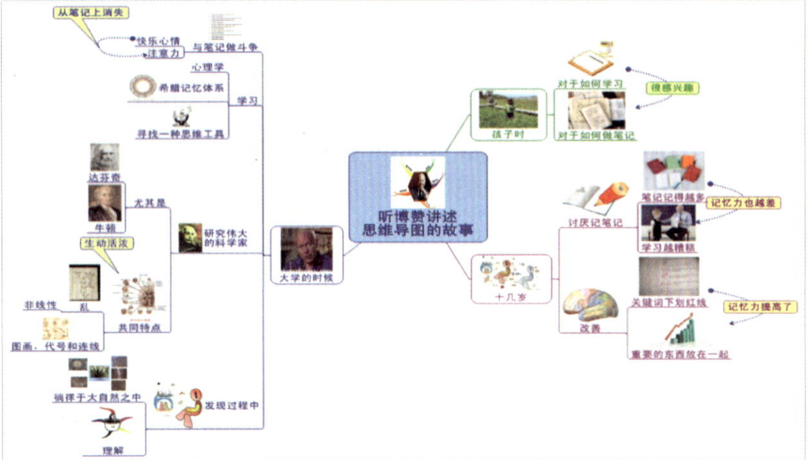

图 1-1 博赞讲故事思维导图

由图1-1可以知道，当博赞还是八九岁的时候，很喜欢学习和热爱大自然。到了十几岁，博赞开始有点讨厌学习，特别讨厌记笔记，好像笔记记得越多，学习越糟糕，记忆力也越差。为了改变现状，博赞尝试在关键词下面划上红线，将重要的东西放在一起，这样记忆力相对提高一些。进入大学之后，博赞仍在思考什么是最有效的笔记方法。于是博赞就到图书馆借阅有关如何使用大脑的图书。图书管理员告诉博赞还没有这方面的书籍，只有关于大脑生理与解剖方面的书籍。于是博赞下定决心开始在这方面进行探索研究。

博赞进行了大量的学习，涉猎了关于心理学、记忆体系等方面的许多知识，特别注重对最伟大的科学家(例如爱因斯坦、牛顿等)的思维方式进行研究。博赞找到了他们的笔记，发现他们的手稿中有大量的图形、符号。他们的笔记有一个突出的共同特点：乱七八糟！但是这些乱七八糟类似“涂鸦”的笔记却生动活泼，而且相互牵连。

在观察笔记和发现笔记中规律的过程中，博赞很兴奋。博赞发现这些笔记其实表面上是乱，但是，乱的背后有一种非线性的思维特征，这些笔记的共同点都使用了图形、代码和连线。通过观察思考，他发现这些图形、代码和连线也在自然界中有所反映。比如闪电、河流、树木、树叶、人和动物的神经系统等，每个系统的各部分都呈网状结构，也都是一张看似乱七八糟，但是却是一张相互牵连、相互作用、相互影响的网。于是博赞豁然开朗，提出这些笔记是大脑思维的体现，同时是自然世界规律的反映。大脑思维的自然状态就是一种非线性化和网状化。

博赞用这样的一种类似自然网状的大脑思维方式来训练一群被称为“阅读能力丧失”的学生。最终，这些被称为失败者或曾被放弃的学生，很快地变成好学生，其中更有一部分学生成为同龄中的佼佼者。在 1971 年，博赞开始将他的研究成果编写成书，并在电台进行宣讲播出，慢慢形成“思维导图”的概念。

第二节　思维导图特征

思维导图具有焦点集中、主干发散、层次分明、节点相连、图形色彩等特征，如图 1-2 所示。

思维导图的特征也可概括成具有全局性、关键性、联系性、图像性、色彩性等，如图 1-3 所示。

思维导图的形式特征是点、线、面、图、彩，如图 1-4 所示。其中点、线、面就是表示大脑的逻辑思维的起点，而图、彩就是再现大脑的思维结果。

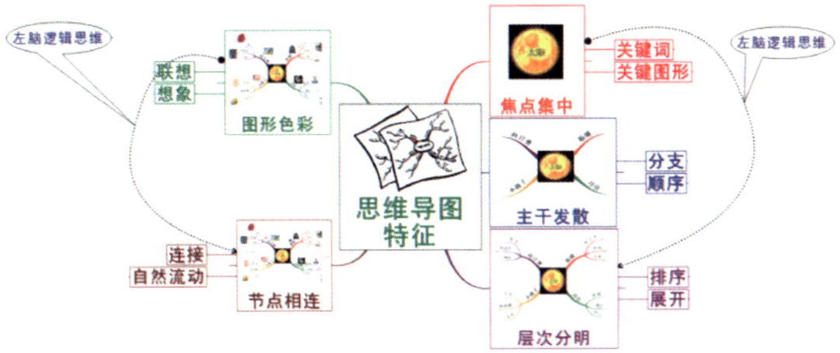

图 1-2　思维导图特征一

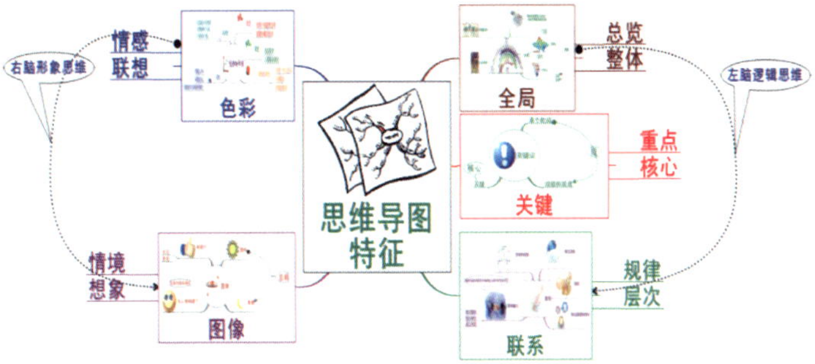

图 1-3　思维导图特征二

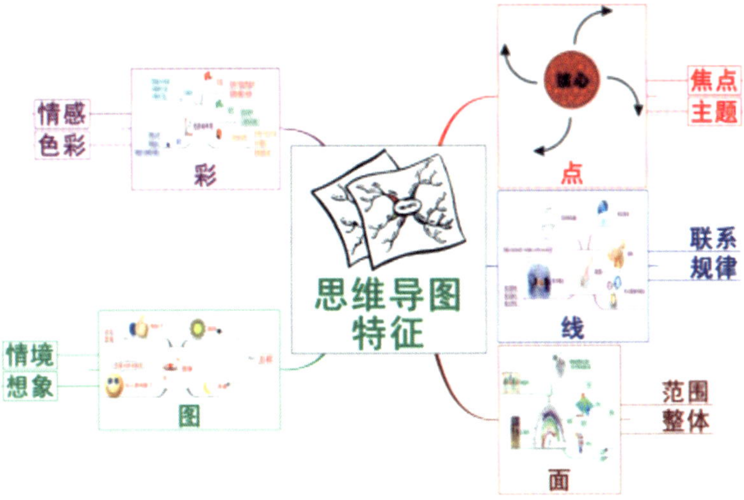

图 1-4　思维导图特征三

思维导图能够整理和激发自己及他人思维，促进思维的聚合与发散，具有点、线、面、图、彩的特点，是可视化、非线性的思维工具。思维导图可以模仿人类大脑的记忆模式以及大脑神经细胞进行信息存储的方式，充分调动人的大脑思维的积极性和创造性，激发人的大脑潜能，是一种简单、高效而又神奇的思维工具。

第二章　思维导图影响力

思维导图已经广泛应用于各个领域。思维导图能够使人们的思维可视化和系统化。

第一节　思维导图作用

人与人之间并没有多大能力的差别，最大的差别就在于他们的思维方式和思考模式，以及他们所采取的行动不同。运用思维导图可以使人们在社会发展的今天提升自己的竞争力。在绘制思维导图的时候，需要每一个人调动起自己的左右脑，使其同时协同工作。

思维导图在学习方面的作用主要表现在整理思维、激发思维、优化思维等（图 2-1）。其具体体现在：整理学习者头脑中的思想碎片，使画面定格并形成一定的思想体系；激发学习者的众多思维（如发散思维、聚合思维、递进思维、辩证思维、转化思维、创新思维等），优化学习者的思维；增强学习者的记忆力、理解力、创造力。

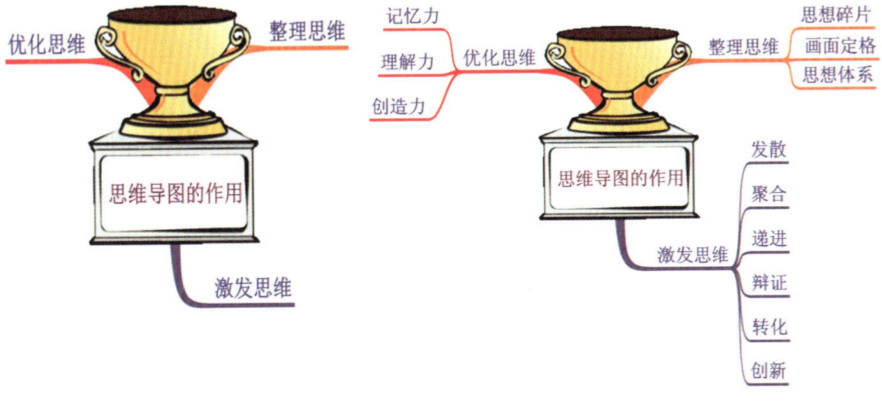

图 2-1　思维导图作用

(1) 思维导图可以让人们的思考更加全面、系统，不局限于某一个点或面上。以往人们采用的方法往往是线性记录，常常会顾此失彼，不能做到全局一目了然。思维导图通过提取关键词，运用图像、线条、色彩，把所有的内容汇集于一张地图上，整理思想碎片、定格画面、形成思想体系，可以提高制作者、观看者的全局意识。

(2) 思维导图可以激发思维，让思考变得可视化。思维导图可以不让一闪而过的灵感跑掉。在绘制思维导图的过程中，人们去寻求事物间的相互联系，找到知识间的内部逻辑关系。通过思维导图，可以使复杂问题简单化、零散知识系统化、深奥知识通俗化、内容呈现图像化、学习吸收体验化、效果巩固工具化。

(3) 思维导图可以优化思维，让思考更深入。绘制思维导图的过程，就是一个优化思维结构的过程。在这个过程中，可以增强我们的记忆力、提高我们的理解力、激发我们的创造力。所谓的记忆力、理解力、创造力就是我们平时所说的思维能力。由于习惯，很多人只使用了左脑，几乎没有开发和利用有脑。左右脑都使用的人，是大家眼里的天才。这些使用者中有很多你我都熟悉的名字，如比尔·盖茨、沃伦·巴菲特、迈克尔·戴尔、李嘉诚、孙正义等。

第二节　思维导图应用

思维导图，初期是用来记笔记的，在后来的发展中又显示出强大功能，在创意开发、企业管理、团队合作项目管理等展现出强大的魅力，已被广泛地使用在迪斯尼、通用、波音等这样的著名企业中。如今，在教育、医学、农业、工业、气象、管理等，思维导图正在发挥着巨大的作用。只要用大脑的地方就可以用思维导图。

世界上已有许多国家(如英国、美国、澳大利亚等)普及应用思维导图。应用思维导图在提高教学效果方面取得了显著成效。新加坡已经将思维导图作为从幼儿园至大学的必修课程之一;美国学校使用的教案大部分应用了思维导图的方法。

第三章 思维导图绘制方法

绘制思维导图，可以帮助使用者进一步理清思路，让思维可视化，同时可以让观看者分享自己的思想。

第一节 思维导图绘制原理

一个健全的人，一定是拥有健康的身体、智慧的大脑。思维导图实际上是一种思维的游戏，这个游戏称为“思维绽放与飞扬”。思维导图的绘制方式多种多样。思维导图绘制基本步骤如下所述。

一、思维绽放

首先以一个词为中心，把它称为关键词。

围绕关键词，快速展开联想，把跃入脑海的每一个词都写出来。联想到的词语越多越好。一般来说，联想出 10 个或更多的词语应该不会有任何困难。以下面两幅图为例，一是“太阳”（图 3-1），围绕“太阳”展开联想，可以联想到温暖、积极、向日葵、小孩、月亮等；二是“思维导图”（图 3-2），围绕“思维导图”展开联想，可以联想到笔记方法、学习方法、思考模式、思维工具、思维方式等。

当围绕某个关键词展开充分联想后，你会发现关键词就是“花蕊”，四周绽开无数花瓣，思维导图仿佛是一朵绽放的花朵。

二、思“絮”飞扬

下面进行思“絮”飞扬。以一个词为起点，尽可能快地想到要实现或者达到这个关键词所必需的下一个词，下一个词是这个词的核心内容，或者是这个词所涵盖或所包含的内容；也就是从 A 想到 B，再由 B 想到 C，由 C 想到 D，形成一条链，其中 A 包含 B，B 包含 C，C 包含 D……这样这条链上的每一个词语都从属于这个关键词。

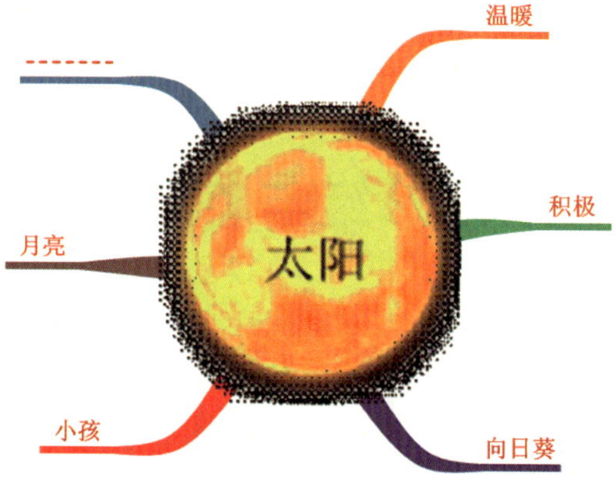

图 3-1　围绕太阳展开联想

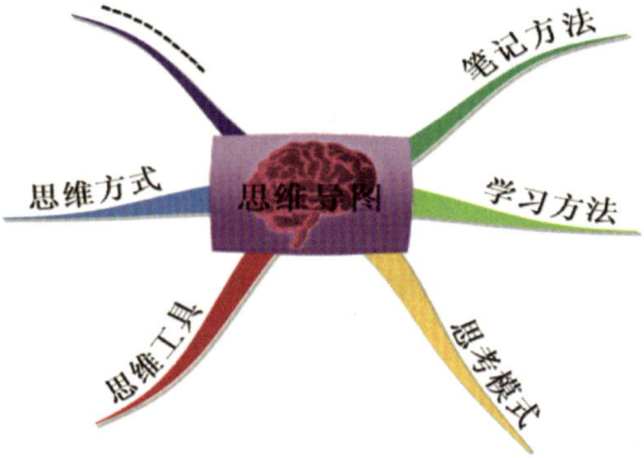

图 3-2　围绕思维导图展开联想

(1) 以“太阳”为中心关键词，首先联想到“温暖”，再由“温暖”联想到“妈妈”，然后由“妈妈”联想到“爱”等(图 3-3)。

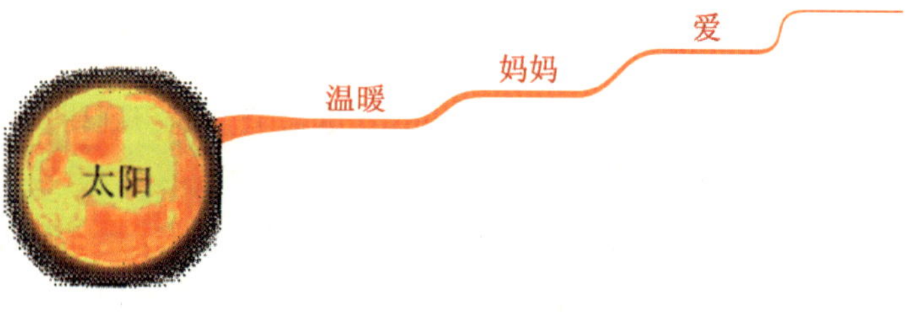

图 3-3　围绕太阳进一步展开联想

（2）以“思维导图”为中心关键词，首先联想到“笔记方法”，再由“笔记方法”联想到“关键词”，然后由“关键词”联想到“关键图像”等（图 3-4）。

图 3-4　围绕思维导图进一步展开联想

思“絮”飞扬的结果像不像人类思维的藤蔓？其具有一定的伸展力，按顺序形成经络，可以不断绵延，直到最小、很远。

三、思维绽放与飞扬

如果把思维绽放与思“絮”飞扬结合起来，思维的方向就变得更复杂一些，这被称为思维绽放与飞扬。围绕“太阳”和“思维导图”进行思维绽放与飞扬游戏，其具体表现形式如图 3-5 和图 3-6 所示。

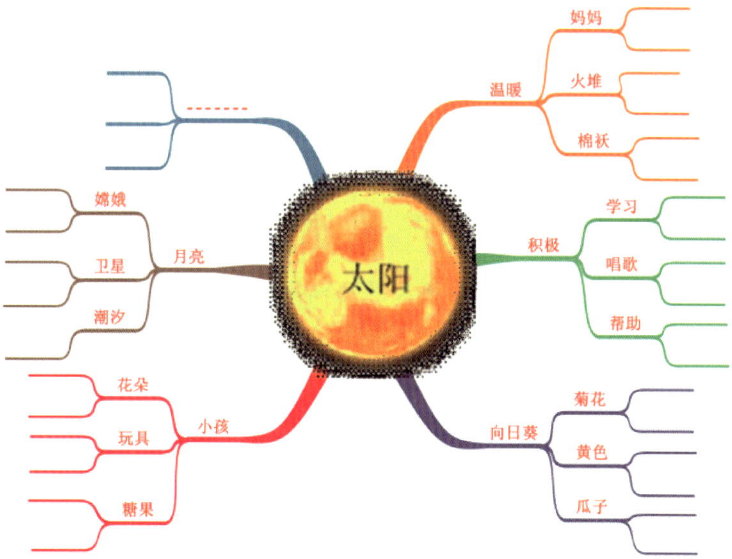

图 3-5　围绕“太阳”进行思维绽放与飞扬游戏具体表现形式

这个游戏同时兼具绽放与飞扬的特征，同时是一个思维聚合和发散的过程。这样人类大脑的思维得到激发。这就是思维导图的原型。至此，可以看到

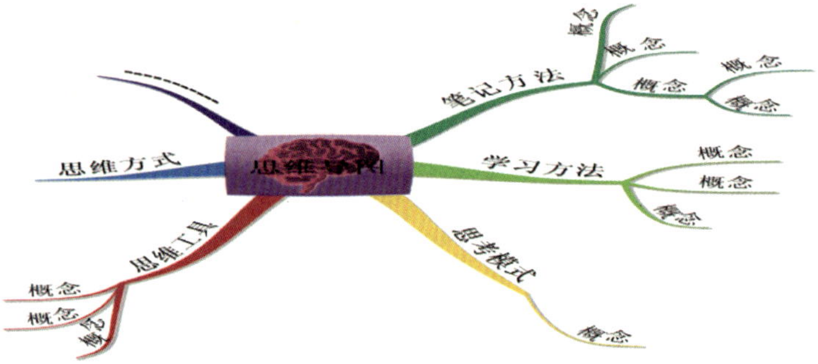

图 3-6　围绕“思维导图”进行思维绽放与飞扬游戏具体表现形式

围绕一个中心词沿着不同的方向，可以联想到 10 个词，10 个词可以联想到 100 个词，100 个词可以联想到 1 000 个词……由此可见，大脑的思维因为相互关联，形成一张网状的大图，这样思维的图就是思维导图。

这样一张庞大的相互联系的、有从属层次关系的、一目了然的大思维图呈现在你面前，你是不是惊讶：原来你的思维可以如此展开和深入！你是不是惊喜：原来零散的思绪这次都被你抓住了！人的思维潜力是无限的，无穷大的。

思维导图呈现了大脑思维的一种放射性状态。这种放射性思维就是一种大脑工作的模式，也是人类大脑的自然功能。

第二节　思维导图绘制工具

思维导图的绘制并不像我们想象的那样困难，正如成功并不像我们想象的那样困难一样。绘制思维导图的工具很简单，包括纸、笔、大脑(图 3-7)。

一、纸

开始学画思维导图时，可以使用 A4 大小的复印纸。学会后，可根据思考和学习的主题选择合适大小的纸。

若思维导图已成为你学习和思考的一种习惯，则你可以准备一个空白练习本，全是素白页，没有线条或方格，这样才可以让你的大脑以非线性的、创造性的方式自由地思考。

最好使用练习本或活页簿，因为你的第一幅思维导图是一个工作日志的开始。每一次创作你的思维导图，就像是一次思想的个人旅行。经过一段时间之

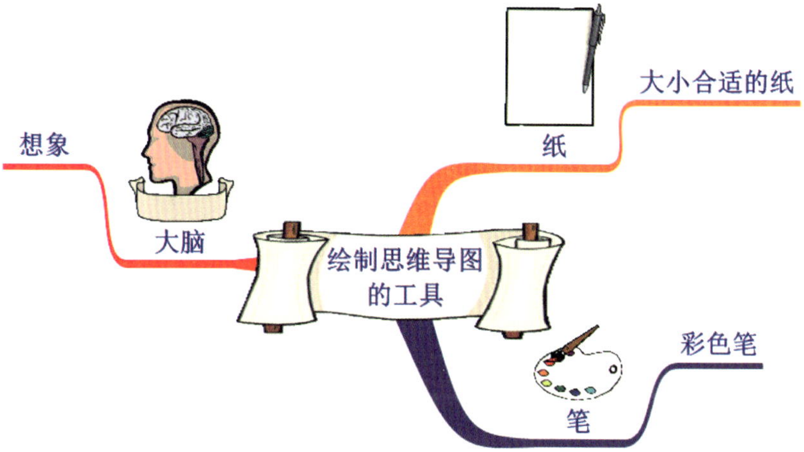

图 3-7　绘制思维导图工具

后，你可能会回过头来参考你的思维导图，评价你的进步，回顾你的目标。

二、笔

可以使用彩色水笔、彩色油性笔、钢笔和铅笔等。这些笔能够画出精、中、细不等的线条。

思维导图强调的是色彩要丰富。画图案、画线条、写文字都需要用到不同颜色的笔。色彩会刺激大脑，激发创造力和视觉记忆。

三、色彩

色彩让你为思维导图赋予结构层次和突出重点。色彩可以折射出你对问题的思考和情感态度。

不同的色彩，有不同的寓意。思维导图常用色彩及其寓意见图 3-8。

四、大脑

在绘制思维导图的过程中，还需要使用你的大脑。通过大脑的思考和想象，才能绘制出具有个性的、与众不同的思维导图！

初期，思维导图完全是手绘作品。随着计算机软件的发展，Inspiration、MindManager 等思维导图软件（图 3-9）逐步流行，许多学者的研究方向更多的是瞄准计算机软件在思维导图应用方面的研究。实践证明，计算机的确可以更

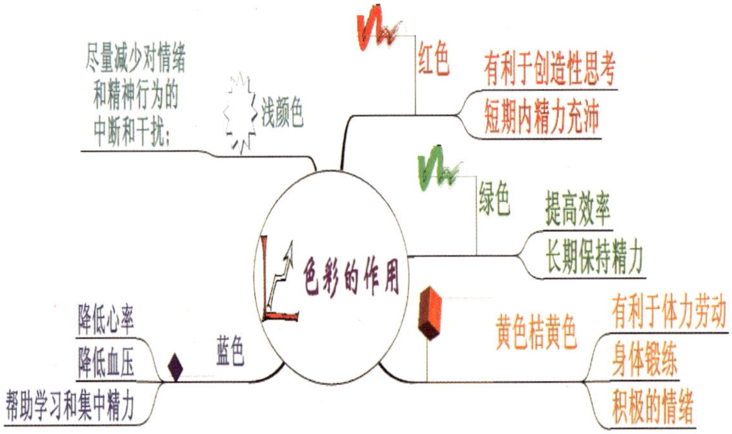

图 3-8　思维导图色彩及其寓意

好地帮助人们进行思维导图的整理、保存。

图 3-9　思维导图软件

思维导图软件有很多,都有自己的优势。Inspiration 软件使用起来最简单,可以制作概念图。MindMapper 软件的线条比较美观,适合初学者。MindManager 软件的专业化程度最高,但入门难度有些大。

第二篇

中学物理思维导图教学方法实践

第四章　物理教学引入思维导图现实意义

第一节　物理教学引入思维导图的可行性

随着课程改革的推进，中学课堂发生着一系列的变化，我们试图建立一种民主、活跃、宽松的课堂氛围，因此，体现新课程的录像课、公开课，花样繁多，洋洋洒洒。可谓教学设计独具匠心。试推究一下，这就是我们教育教学的最高境界吗？什么是教育？教育就是个体在内外因刺激下，在自身基础上所获得的知识与能力的提升。它首先是在个体内部需要的基础上，由此所展开的一系列活动。中学教师在不断研究如何“教”的同时，却忘记了我们教学的主体是学生。虽然探究学习、自主学习、合作学习已被大力倡导，并列入课程标准纲要，可惜，在实际的教学中，大多都流于形式，学生的主体性没有实质性的体现，甚至仍有许多学校和教师没有把它作为教学指导思想，更谈不上落实到行动上。其根源还是对教与学的关系认识不够深刻，对培养学生学习能力的意义认识不足，甚至不知道如何培养，作为教师，我们总是希望自己的学生能够学习各种各样的技能和大量的信息观念、概念、和原理。优质的教学确实应该包括这些，但只有这些还是不够的。另一方面讲，教师需要教给学生今天的知识和技能，但更重要的是，老师必须帮助学生发展学习策略，这样即使没有我们的教学，学生自己也能学习明天的知识，即“授人以鱼，不如授人以渔”。学习策略的研究及教学，以及学生在学习过程中灵活的使用策略学习具有相当重要的意义。教师应以自己的言传身教，帮助学生掌握学习和自我管理的方法。

同样，正是基于上述相似的理由，脑科学的研究和发展，向人们揭示大脑的组成和工作原理，使得人们的学习可以遵循大脑自身的方式，从而更加合理和高效。东尼·博赞先生发明的思维导图是一种调动全脑的思维组织性工具，树状发散式的构图正好吻合了大脑联想和想象的工作方式，利于产生创造性活动;文字、图形、色彩、曲线多种刺激生动有趣同时调动了左右脑参与学习;由一个中心词开始顺着思维过程层层发散,“因思成图、由图导思”,使得学生内在的思维过程得以外化;知识的分层储存的方式增加了记忆的容量和品质使得知识的提取更为容易……基于上述优点,试图借助思维导图这个学习工具,探讨如何将这种有效的学习工具科学有效地应用于课堂。这对于当前的教育改革以及学生学习状况的改善具有十分重要的意义。

第二节　物理教学引入思维导图的必要性

思维导图不仅吸收了脑科学的相关新理论,同时又得到教育学相关理论的支持。这种全新的思维模式和学习方法,肯定能够为物理教学注入新的活力,产生新的效果。更主要的是,不仅能够使学生掌握良好的思维方法,而且使物理思维能力得到提高,对培养和发展中学生创造性思维能力会具有很深远的意义。具体作用和价值体现在如下几个方面。

一、培养学生学会学习的能力,提高学习兴趣

学习的艰辛,使得不少同学产生了厌学情绪,尤其是物理课的学习,不少同学反映物理“难”学,学生产生厌学情绪的原因是多方面的,其中一个重要的原因就是不会学习,不能尽快地掌握学物理习的规律、方法,从而造成学习失败,而失败的经历又会加重学生对学习的厌烦情绪,造成恶性循环。近年来,人们也逐渐认识到,学校应该给予学生比知识更重要的东西——学习的方法。尤其是今天的时代已经属于“视觉文化”的时代,属于“读图”的时代,视觉在人的信息获得中已经占了很重要的部分,而思维导图正是一种能够将思维图视化的学习工具和方法,学生在绘制思维导图的过程中获得极大的成就感,成功的欲望又激发了学生学习和创作的欲望,从而极大地提高学生的学习兴趣。

二、让物理思维过程可视化,更有效提高思维能力

任何一个概念的获得都需要一定的智力(如记忆能力、观察能力、理解能力等等),认知策略(学习前的知识准备、学习方法的选择等等)及排除学习干扰的能力(如以前学习知识的干扰、注意力的分散、思维的不流畅等等),而思维导图的放射性结构正好与人的大脑思维模式相吻合,让隐性的思维过程可视化,不让一闪而过的灵感跑掉。同时要养成良好的思维习惯,就要充分利用“全脑”思

维，使大脑的创造潜能得到最大程度的发挥。思维导图放射性的思维方式，是人类大脑的自然思考方式，使人脑中资料的储存、管理及应用更有系统化，从而增加大脑运作的效率，开启大脑创造的无限潜能。

三、提高物理教学的实效性

课堂是学生的“学堂”，而不是教师的“讲堂”，但我们传统的教学，往往过分注重了教师如何教，而忽视了学生如何学，“以教代学”问题严重，“讲明白了”“听明白了”不等于学生“学明白了”，而借助思维导图，教师可以随时监测，学生随时可以简捷快速地呈现自己的所思所想，学生真正从自己头脑里提取出来的知识才真正是属于学生自己的知识。习惯性地使用这种方式，利于课堂知识的落实与监测，利于形成师生互动的良好的课堂氛围，而且有助于学生养成及时总结与归纳的习惯，这样的课堂是真正基于学生知识水平与认知程度的课堂，是真正从学生思维角度和认知角度出发的课堂，必然是实效课堂。因此本课题研究的目的，就是一方面将前面的研究成果固化、提升，另一方面，将思维导图引入物理课教学，探索出一种适合学生的教学模式。通过这种教学模式，培养学生对物理学习的兴趣和学习能力，为达到优化物理课教学，使学生养成良好的思维习惯，掌握正确的学习方法，进而提高他们的思维能力和学习成绩寻求一种行之有效的途径。

第五章 思维导图在解决物理问题中具体应用

第一节 思维导图解决物理问题的一般模式

目前学生在物理学科学习上的最大困惑还是不会解决问题。学生面对物理题目时无从下手。这是因为在解题中往往存在这样那样的思维障碍，存在一些错误观念的干扰，使思维不流畅，找不到问题的突破口，所以运用思维导图学习模式对学生解决问题的技能训练更容易得到学生的支持和响应，也是大面积提高教学质量的一个有效途径。在班级授课中，教师可以运用思维导图，给学生示范解题步骤，讲解策略，以督促学生养成自我分析学习的习惯。对物理学科而言，处理问题和解决问题，是训练的关键。主要介绍如何在解决问题的技能中训练学生运用思维导图学习的习惯。

物理学习无论是对物理现象的感知、物理观念和物理概念的形成、物理规律的抽象，还是物理问题的解决都离不开人脑的思维加工。有些同学说我也想把物理学好，比以前更用功了，但感到困难反而更大了。其中一个重要的原因就是思维能力没有同步发展，思维能力的强弱主要由思维品质来决定。提高学生的思维能力，要求他们掌握物理思维的基本方法和物理思维的基本过程是一个方面，同时还要求他们能根据思维的各种策略对自己的思维过程以及学习过程进行积极的监控、调节、反馈，才能进一步提高自己的思维品质，优化自己的学习方法，提高自己的物理学习能力、学习成绩。

利用思维导图解决问题就是利用“思维导图”检索、提取大脑中的“知识组块”。“新手”在解决问题时是用大脑的零散信息（即用小的“知识单元”）来处理问题，而“专家”则往往用零散知识组成的有序“信息块”（即“知识组块”）来处理信息。所以思维导图在解题技能中的“脚手架”作用是其他任何学习工具无法替代的！

一般拿到一道题后，一般有两条思路：一是从结论入手，看结论想需知，逐步向已知靠拢；二是要"发展"已知，从已知想可知，逐步推向未知；当两者相通的时候，便得到解题的通路，我们构建了思维导图的一般解题模式（图 5-1）。

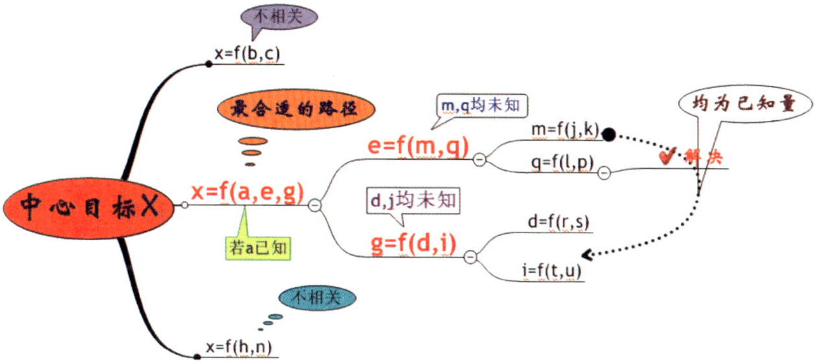

图 5-1　思维导图解题的一般模式

如图 5-1 所示，这里是要求的中心目标 X，要求出 X，在头脑中联想到三种可能的途径，即 $x=f(b,c)$，$x=f(a,e,g)$，$x=f(h,n)$。纵观这三种路径，发现 $x=f(b,c)$，$x=f(h,n)$与本题不相关，找到了最合适的路径，即 $x=f(a,e,g)$，其中，这里的变量 a 若为已知的话，那么再联想变量 e 又可以怎么表述呢？g 又可写成什么样的表达式呢？发现 e 扩展表示为 $e=f(m,q)$，g 扩展表示为 $g=f(d,j)$。若这里仍有未知变量 m,q,d,j 的话，同样的道理，$m=f(j,k)$，$q=f(l,p)$，$d=f(r,s)j=f(t,u)$，直到这些未知变量都变为已知条件为止，此问题得以解决。下面通过详细实例讲解思维导图解决物理问题的模式及方法。

【实例 5-1】

一个物体在空气中用弹簧测力计称量，其读数为 0.8 N，若把物体全部浸没在水中，其弹簧测力计示数为 0.3 N，求：(1) 物体所受的浮力，(2) 物体的体积，(3) 物体的密度。

用思维导图来分析和解决这个问题，如图 5-2 所示。

其具体解答过程如下：

(1) $F_{浮}=G_{空}-G_{液}=0.8\ \text{N}-0.3\ \text{N}=0.5\ \text{N}$

(2) 因为是完全浸没，所以

$$V_{物}=V_{排}=\frac{F_{浮}}{\rho_{水}\ g}=\frac{0.5\ \text{N}}{1.0\times10^{3}\ \text{kg/m}^{3}\times10\ \text{N/kg}}=0.5\times10^{-4}\ \text{m}^{3}$$

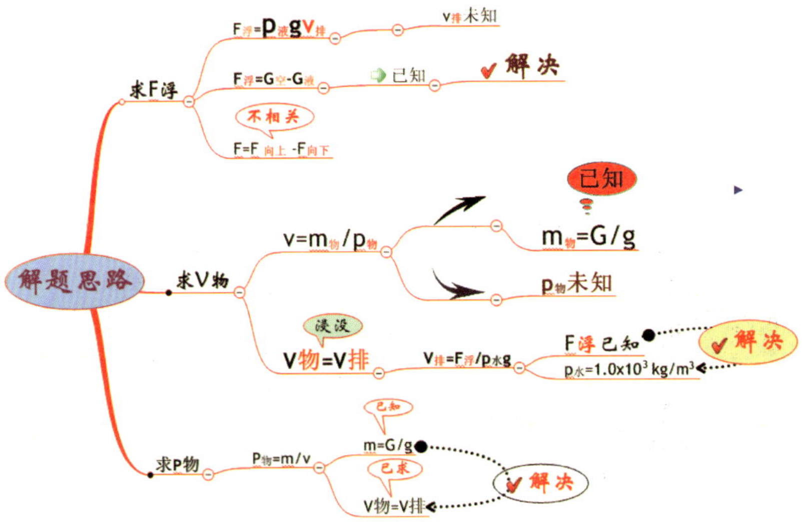

图 5-2　思维导图解题思路

(3) $\rho_{物}=\frac{m_{物}}{V_{物}}=\frac{G_{物}}{V_{物}\ g}=\frac{0.8\ \text{N}}{0.5\times10^{-4}\ \text{m}^3\times10\ \text{N/kg}}=1.6\times10^4\ \text{kg/m}^3$

思维导图是物理学习解决问题中的“脚手架”，希望同学们平时就养成这种构建“脚手架”的习惯。同样思维导图分析问题可以用这样的格式书写，也有助于问题的解决。

【实例 5-2】

某物体在空气中用弹簧秤测得读数为 15 N，全部浸入水中用弹簧秤测得读数为 5 N，求：(1) 物体在水中所受的浮力($g=10$ N/kg)，(2) 物体的体积，(3) 物体的密度。

用思维导图来分析和解决这个问题，如图 5-3 所示。

这样从已知、我知出发，逐步推向未知，得到了解题的思路。其具体解答过程如下：

(1) 根据浮力计算公式：$F_{浮}=G_{空}-G_{液}=15\ \text{N}-5\ \text{N}=10\ \text{N}$

(2) 因为是完全浸没，所以

$$V_{物}=V_{排}=\frac{F_{浮}}{\rho_{水}\ g}=\frac{10\ \text{N}}{1.0\times10^3\ \text{kg/m}^3\times10\ \text{N/kg}}=1\times10^{-4}\ \text{m}^3$$

(3) $\rho_{物}=\frac{m_{物}}{V_{物}}=\frac{G_{物}}{V_{物}\ g}=\frac{15\ \text{N}}{1\times10^{-5}\ \text{m}^3\times10\ \text{N/kg}}=1.5\times10^4\ \text{kg/m}^3$

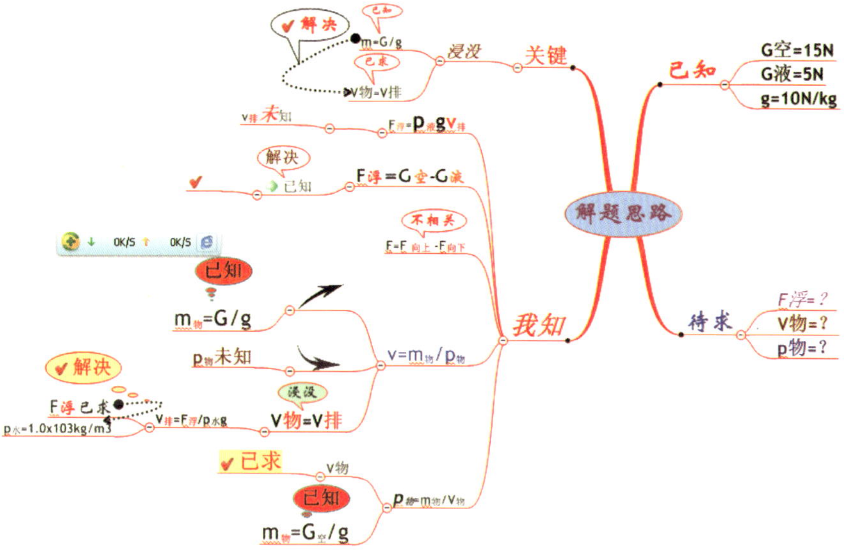

图 5-3 思维导图解题思路

【实例 5-3】

潜水艇在由水面下 2 m 深处潜入到水面下 20 m 深处的过程中，它受到的压强、浮力的变化情况是：(　)。

A. 压强增大，浮力增大　　　　B. 压强增大，浮力不变

C. 压强不变，浮力增大　　　　D. 压强减少，浮力不变

用思维导图来分析这样的概念辨析题，如图 5-4 所示。

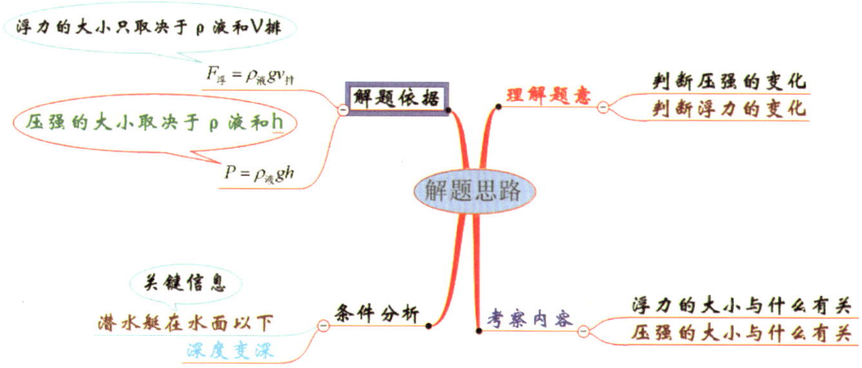

图 5-4 思维导图解题思路

其具体解答过程如下：

根据 $P=\rho_{液}gh$，知道液体压强取决于液体密度和深度。所谓深度指的是距自由液面的距离，而根据 $F_{浮}=\rho_{液}gV_{排}$，知道浮力的大小取决于液体密度和排开的液体的体积。本例中因为潜水艇是在水面下，所以排开的液体体积就等于物体体积，是不变的，所以浮力不变；潜水艇深度增加了，所以压强变大了。因此本例中的答案应为 B。

要达到使用思维导图熟练解决物理问题，对相关物理知识点的掌握是关键。对上面涉及的物理知识点进行总结与升华。

1. 关于浮力的求法

(1) 原理法。

$$F_{浮}=G_{排}=\rho_{液}\ gV_{排}$$

(2) 测量法。

$$F_{浮}=G_{空}-F_{液}$$

(3) 原因法。

$$F_{浮}=F_{向上}-F_{向下}$$

其中第(2)种方法是常见方法。$V_{排}$ 是物体完全浸没，此时 $V_{排}=V_{物}$，所以常利用此种方法测物体体积，有时题目会变化条件，如不是完全浸没，而是浸入总体积的 2/3，同样可以算出物体体积，即 $V_{排}=\frac{2}{3}V_{物}=\frac{F_{浮}}{\rho_{水}\ g}$。物体密度习惯用公式 $\rho_{物}=\frac{G_{物}}{V_{物}\ g}$来计算。

2. 关于压强和浮力公式的理解

一定要抓住液体压强大小只与液体密度和深度有关，与液体面积的大小、液体质量的多少、液体体积的多少都没有关系。所谓深度一定是该点到自由液面的竖直距离，不是到容器底部的距离。所以潜水艇下移，一定是深度增加了，压强增大了。而浮力只取决于公式 $F_{浮}=G_{排}=\rho_{液}\ gV_{排}$，只与液体密度和排开的液体体积有关，只要这两个量不变，浮力大小就不变

3. 关于浮力的产生原因

浮力是上下表面的压力差。由此可知，对下表面向上的压力一定大于对上表面向下的压力，即二力的合力是向上的。若漂浮或悬浮时，二力的合力(即浮力与重力)是平衡力，做题时一定要受力分析，才能确定好各力的关系。

第二节 思维导图在解决物理问题中的脚手架作用

为获取学生现状的基本资料，激发学生对训练的参与，教师打破常规的作业要求，充分尊重每个学生自己的实际情况，让学生自己选定对自己有价值的题目作为问题作业（每天至少两个题，可以更多）。所谓问题作业就是学生原本不会解的题、错题、难题、典型题等（尽量按教学进度）。同时为配合这项训练，把学生分成学习小组，即前后左右四个人为一组。选物理相对最好的作为组长，组长负责解答组员每天提出的问题，组长若解答不了，则有责任向其他组长请教。学生在讨论完解决问题之后，觉得对自己有收获的，就在作业本上以思维导图的形式再总结回顾一次。对于问题作业，学生要写出解题思路，解题关键，并写出原本不会做的原因等。为鼓励支持学生充分开展这项训练，每次的测验都希望学生写解题思路，同时写思路过程的在平时成绩栏里加 2 分。

引导学生思维纵向延伸，关注思维本质，从物理思维的六大特点出发，建立物理模型，优化思维品质。

利用思维导图处理问题的过程，实际上就是将我们大脑的思维过程外化、图形化和清晰化的过程。这样很容易将已有的知识灵活运用于解决实际问题。利用思维导图能够很清晰地分析解题的各个环节和要素间的相互联系，不让一闪而过的灵感跑掉，从而大大优化了思维，提高了解题效率！

思维导图应用于物理解题的建构过程，就是利用思维导图检索、提取大脑中的“知识组块”。“新手”在解决问题时是用大脑的零散信息来处理问题，而“专家”则往往用零散知识组成的有序“信息块”来处理信息。所以思维导图在解题技能中的“脚手架”作用是其他任何学习工具无法替代的！应用思维导图分别从六种思考方式（图 5-5）对物理解题进行研究和探索。

一、运用发散思维

许多研究表明，人类的大脑是按层级架构来组织知识的，而“思维导图”恰与之相似。思维导图 的“层级结构 ”不仅可以较好地激活原有的知识结构，而且有利于解题者思考和表达知识结构。运用思维导图的发散思维解决物理问题实例如下：

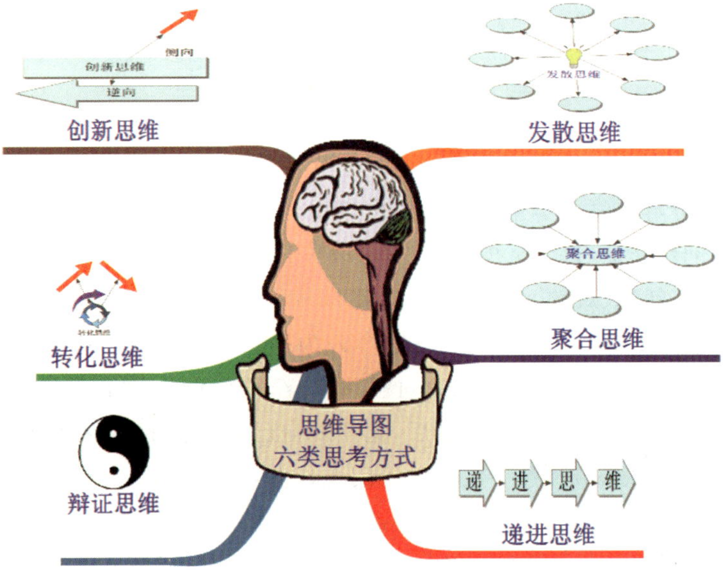

图 5-5　思维导图的六种思考方式

【实例 5-4】

已知一个物体在空气中用弹簧测力计称量，其读数为 0.8 N，若把物体全部浸没在水中，其弹簧测力计示数为 0.3 N。求：(1) 物体所受的浮力，(2) 物体的体积，(3) 物体的密度。

运用思维导图的发散思维解决物理问题步骤及结果如图 5-6 所示。

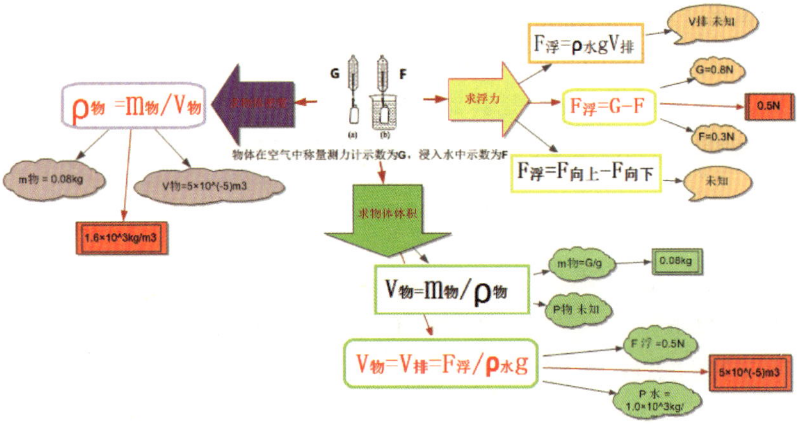

图 5-6　运用思维导图的发散思维解决物理问题步骤及结果

在本实例中，关于浮力问题思维导图的建构，通过发散思维尽可能让解题者联想到浮力的三种求解公式及进一步求解需知道的条件，同时能清晰地表达公式的等级顺序及相关物理量的意义。这样，不仅给解题者提供了物理解题可能需要的支持性知识，还让解题者挖掘出完全浸没时 $V_{物}=V_{排}$ 这样的隐含条件。同时在求密度的过程中，架构出空气中的弹簧测力计示数（即物体重力），即可求出质量。层级发散联想，搜索问题空间，为新旧知识间搭建起解题的通道。

二、运用聚合思维

思维导图对区分概念的层级顺序、确定知识的因果关系以及显示它的意义联系具有独特作用。思维导图不仅给解题者提供了优化的认知结构图，而且包含着解题者对知识的分析、推理和整合过程。思维导图的“层级结构”实质上就是表达一种知识的逻辑结构。解题者一旦掌握了逻辑结构就可以有效地解决问题。思维导图在物理解题建构过程如下：首先是按知识“层级结构”的逻辑关系，使各个知识按层次顺序组织起来。这不仅有助于解题者把握物理问题解决整体的知识结构，而且可以清晰地呈现概念（或公式）间复杂的逻辑关系。然后是运用思维导图的聚合思维搜索“问题空间”的过程，加速解题者理解和建构记忆领域知识的“组块”，并快速找到问题解决的条件与目标状态之间的联系。运用思维导图的聚合思维解决物理问题实例如下：

【实例 5-5】

已知弹簧测力计下挂一个边长为 10 cm 的正方体物体，该物体浸入密度为 0.8×10^{3} kg/m^{3} 的油中，弹簧测力计的指针恰好在“0”刻度处。如果把该物体放入水中，弹簧测力计的指针仍在“0”刻度处。求物体露出水面的体积。

运用思维导图的聚合思维解决物理问题步骤及结果如图 5-7 所示。

在本实例中，重力和浮力思维导图的建构，首先通过知识间的逻辑关系建构完形的知识结构体系，为物理解题搜索“问题空间”打下基础；然后通过聚合思维确定物理问题求解过程中所需的“问题空间”（图 5-7 中的 $F_{浮}=\rho_{油}gV_{排1}$，$G=F_{浮}$）。

三、采用递进思维

在解决物理问题探究学习时，思维导图主要围绕当前主题，按“最近发展区”的要求建立“图式脚手架”；使学习者自主地进入问题的情境并从每个基本

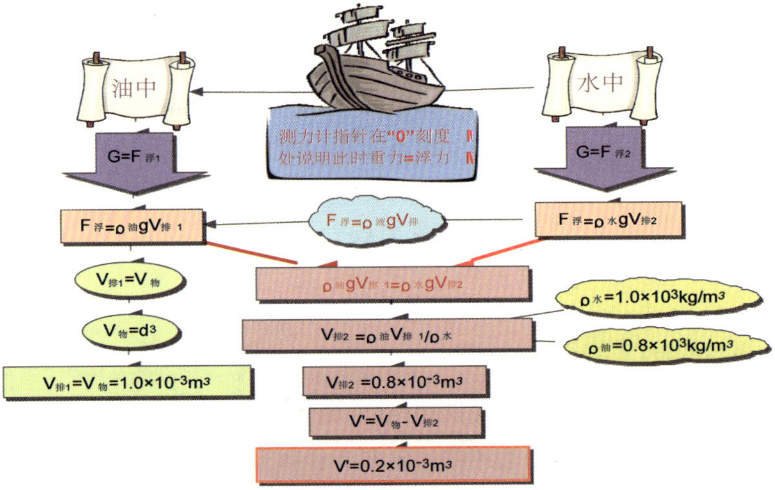

图 5-7　运用思维导图的聚合思维解决物理问题步骤及结果

概念或基本原理出发，找到相关知识的联系并进行独立思考的过程。思维层层深入、步步递进，最终问题目标得以解决。运用思维导图的递进思维解决物理问题实例如下：

【实例 5-6】

已知有一个铜球的质量为 267 g，体积为 70 cm^3，这个铜球是空心的还是实心的？如果是空心的，空心部分体积是多少？如果在空心的部分内注满水，则总质量为多少？铜的密度是 8.9×10^3 kg/m^3。请选择最优方法计算。

运用思维导图的递进思维解决物理问题步骤及结果如图 5-8 所示。

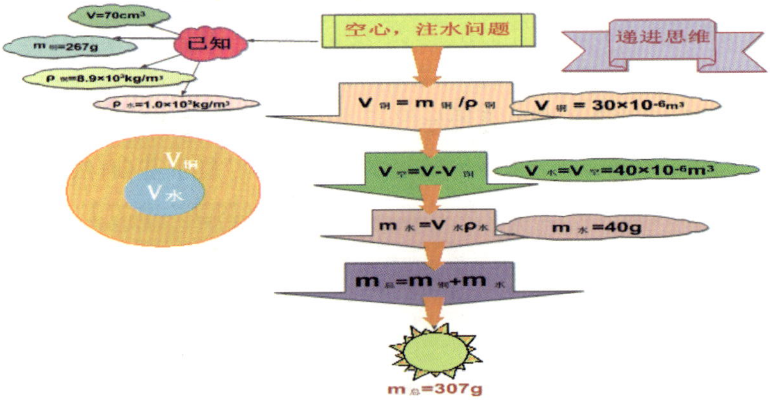

图 5-8　运用思维导图的递进思维解决物理问题步骤及结果

在本实例认知结构的完善中，首先建立起实心铜球体积，回到题目中给出的铜球体积，对比出铜球空心的体积，然后求出空心部分水的质量，最后求出总质量。

四、运用辩证思维

辩证思维是指人们在观察和分析问题时，以动态发展的眼光来看问题，运用普遍联系的观点全面考察思维对象，揭示事物本质的一种观察方法。物理学中处处存在联系，处处充满着矛盾，处处渗透着辩证法。因此，在物理习题教学中，引导学生用辩证思维方法，全方位地思考问题，制定解题策略，把握解题规律，这不仅有利于提高物理教学质量，而且也利于对学生进行辩证唯物主义教育，提高辩证思维能力。运用思维导图的辩证思维解决物理问题实例如下：

【实例 5-7】

已知：如图 5-9 所示，在电路中电源电压保持不变，将开关闭合后，电路正常工作一段时间后，其中一盏灯突然熄灭，两只电表中一只电表示数变小，另一只电表示数不变。出现这种状况的可能原因是什么？

运用思维导图的辩证思维解决物理问题步骤及结果如图 5-9 所示。

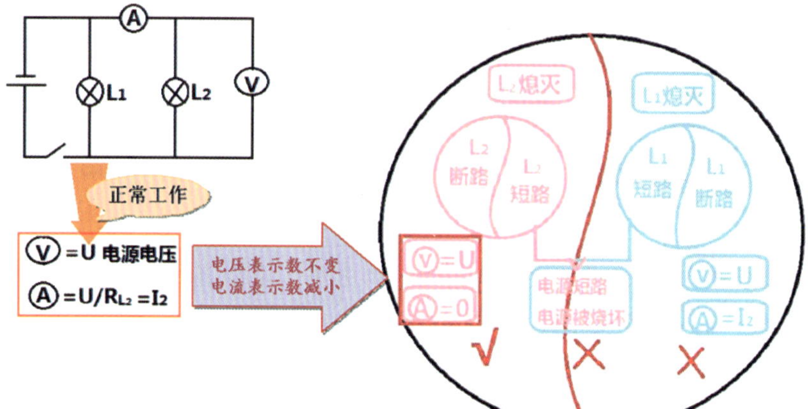

图 5-9　运用思维导图的辩证思维解决物理问题步骤及结果

在本实例中，采用传统方法时，电路故障有很多种情形。但若运用正反辩证的思维，L_2 熄灭或者 L_1 熄灭，两条线索进行分析，并且从断路和短路两种角度分别进行了假设和对比，最终得出符合题意的答案，即 L_2 断路。

五、运用转化思维

转化思维是通过观察、分析、类比、联想等思维过程，选择应用恰当的方法进行变换，将原问题转化为一个新问题，或者一个较为熟悉的问题，从而化难为易、化陌生为熟悉，达到解决原问题的目的。运用思维导图的转化思维解决物理问题实例如下：

【实例 5-8】

已知：将一质量为 50 g 的小球以初速度 $v_0=2$ m/s 的速度竖直向上抛。求：当小球上升 5 m 时，小球动能的变化？

运用思维导图的转化思维解决物理问题步骤及结果如图 5-10 所示。

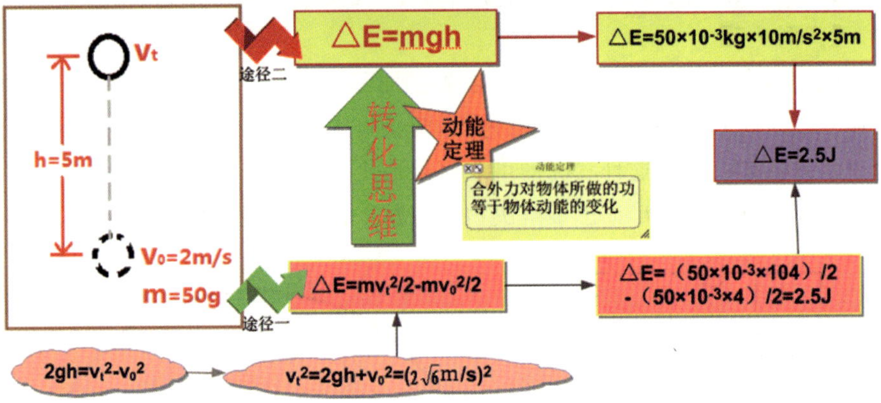

图 5-10　运用思维导图的转化思维解决物理问题步骤及结果

在本实例中，有两种解决问题的途径和方法。可以直接根据运动学公式求出上升到 5 m 时的速度，进而根据动能公式求出动能的变化量(2.5 J)。若本题运用转化思维，则小球动能的变化量为合外力对小球所做的功，即动能的变化量转化为求势能的变化量。这样题目化难为简，问题很容易就解决了。

六、运用逆向思维

逆向思维，又称“反向思维”或“求异思维”，是相对于习惯性思维的另一种思维方式。它的基本特点是：从已有思路的反方向去思考、分析问题。它表现为逆用定义、定理、公式、法则；逆向进行推理，反向解决问题。它反映了思维过程的间断性、突变性与反联结性。它有利于克服思维固定模式，防止思维僵化。

应用逆向思维解题，对于促进学生更好地理解知识，培养学生思维的灵活性、变通性，提高学生分析问题和解决问题的能力等，都有着至关重要的作用。然而，对于多数的中学生，往往不习惯于或者不善于逆向思维。因此，在物理的解题教学中，教师可根据实际，有意识地对学生进行逆向思维的训练，引导和培养学生的逆向思维意识和习惯，帮助学生克服思维固定模式，引导学生从正向思维过渡到正、逆双向思维，从而开阔学生的解题思路，使思维活动进入一个新的境界。运用思维导图的逆向思维解决物理问题实例如下：

【实例 5-9】

已知：如图 5-11 所示，在前进的车厢的竖直后壁上放一个方形物体，要使方形物体不下滑，这个车厢至少要以 20 m/s^2 的加速度前进。求：物体与车壁间的动摩擦系数。（$g=10\ m/s^2$。）

运用思维导图的逆向思维解决物理问题步骤及结果如图 5-11 所示。

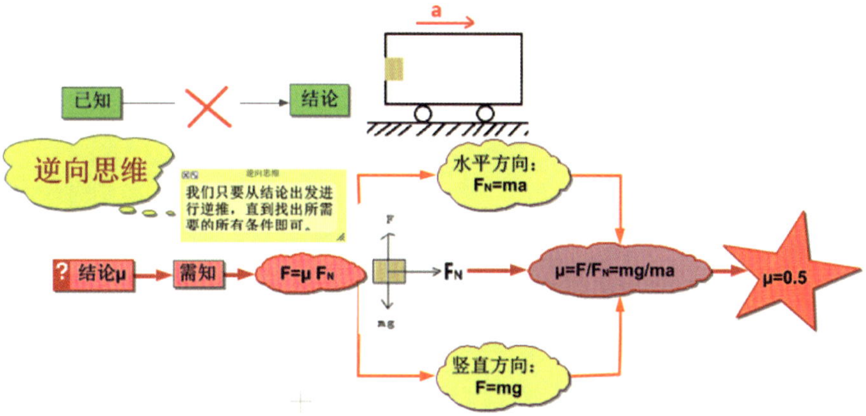

图 5-11　运用思维导图的逆向思维解决物理问题步骤及结果

在本实例中，许多学生认为这个题目已知条件过于简单，无从下手。其实，只要从结论出发进行逆推，找出所需要的条件列式即可。对于较复杂的问题，利用逆向思维可以将分析推理过程简单化。简单地说，就是当不知道从哪里算起的时候，就从题目的要求去倒推，看看要计算出最终的结果需要什么条件，需要什么就找什么，直到题目已知条件满足要求，这个题就解开了。有些物理问题从正面考虑有困难时，应从问题的反方向考虑。

第三节　思维导图解决力、热、光、电等物理知识点实践

一、思维导图解决求物体密度物理知识点实践

思维导图可以用来快速解决求物体密度问题。

【实例 5-10】

某同学在做测菜油密度的家庭实验时，先用杠杆称得空瓶质量为 200 g，然后在瓶中装满水，称得其总质量是 600 g，再在瓶中装满菜油，称得其总质量是 520 g。求菜油的密度。

运用思维导图求解过程及结果如图 5-12 所示。

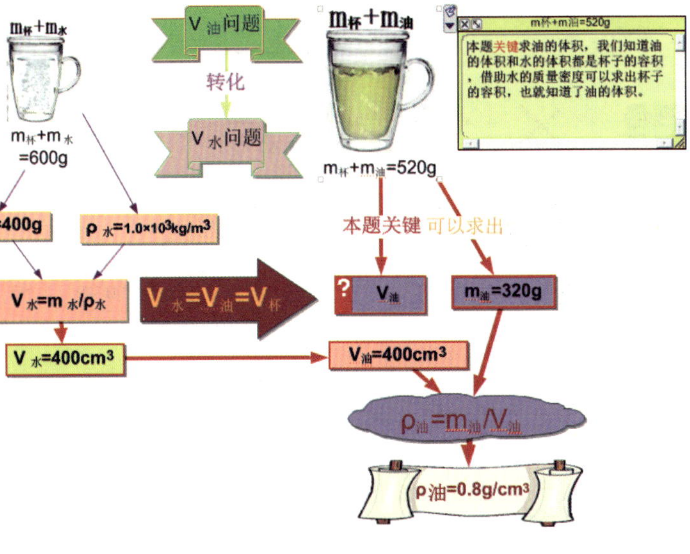

图 5-12　运用思维导图求解过程及结果

【实例 5-11】

有一个实心物体，放入水中，静止时，有 2/5 的体积露出水面。求该物体的密度。

运用思维导图求解过程及结果如图 5-13 所示。

【实例 5-12】

当瓶中装满水时，称出总质量为 90 g；若装入 10 g 砂粒，水溢出后把瓶的外

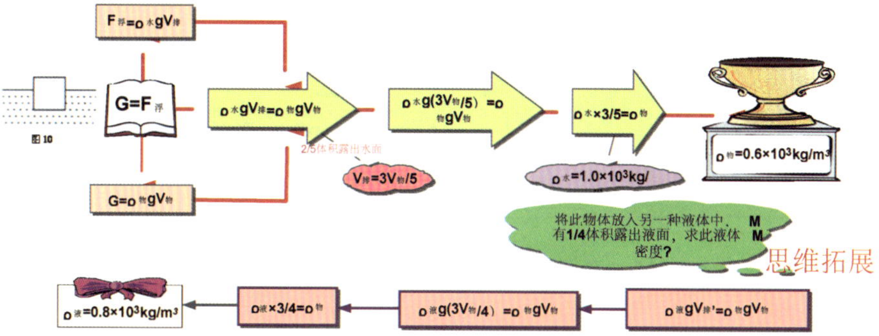

图 5-13　运用思维导图求解过程及结果

部擦干，称出总质量为 96 g。求砂粒的密度。

运用思维导图求解过程及结果如图 5-14 所示。

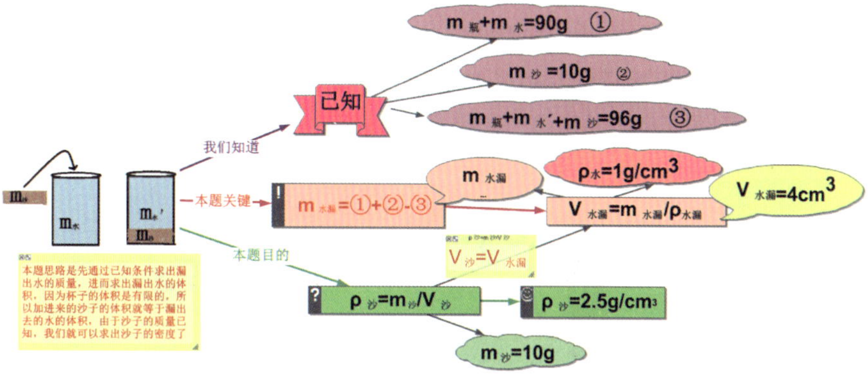

图 5-14　运用思维导图求解过程及结果

二、思维导图解决求距离物理知识点实践

可以用思维导图来快速解决求距离问题。

【实例 5-13】

长 200 m 的列车以 36 km/h 的速度通过一座桥，共用了 4 min 10 s。求这座桥的长度是多少千米。

运用思维导图求解过程及结果如图 5-15 所示。

【实例 5-14】

某人站在一个较大的山谷里，想估测山谷的宽度。他大喊一声后经过 0.3 s

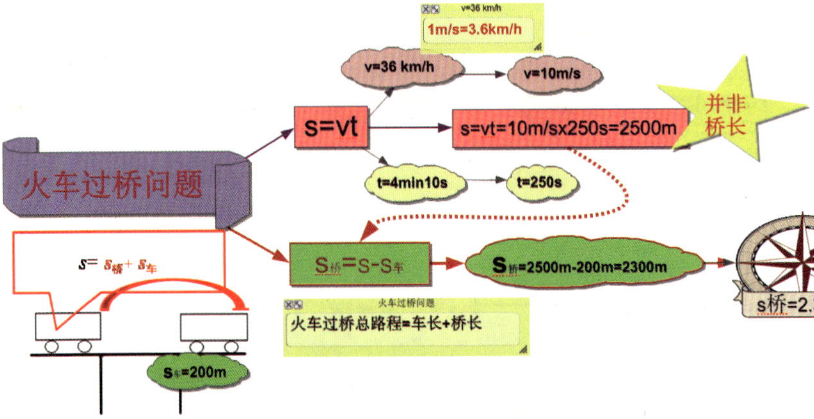

图 5-15　运用思维导图求解过程及结果

听到右面山崖反射回来的声音，经过 0.5 s 才听到左面山崖反射回来的声音。请帮他估算这个山谷的宽度(声速取 340 m/s)。

运用思维导图求解过程及结果如图 5-16 所示。

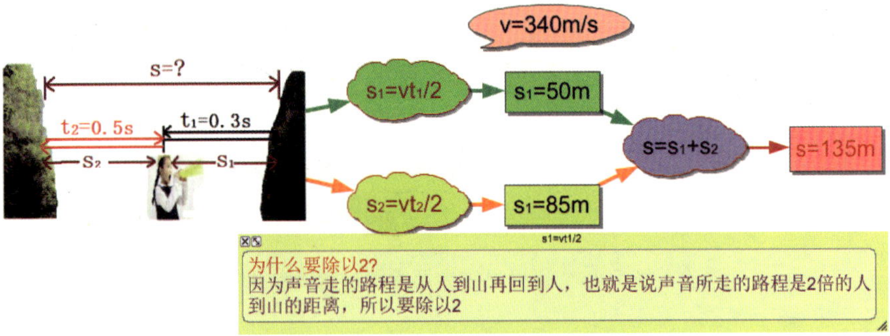

图 5-16　运用思维导图求解过程及结果

【实例 5-15】

一辆汽车以 72 km/h 的速度行驶。为了测定前方峭壁的位置，司机按了一下喇叭，经 3 s 后听到回声。求鸣笛时汽车离峭壁有多远(声速取 340 m/s)。

运用思维导图求解过程及结果如图 5-17 所示。

三、思维导图解决求速度物理知识点实践

可以用思维导图来快速解决求速度问题。

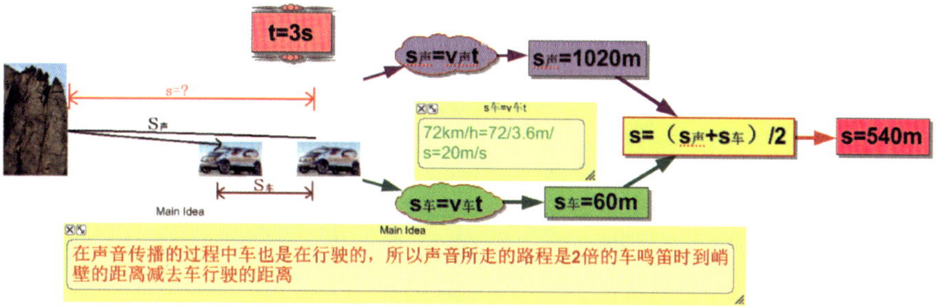

图 5-17 运用思维导图求解过程及结果

【实例 5-16】

一个人打靶，目标和人相距 280 m，子弹离开枪口后，经过 1.3 s，该人听到子弹击中靶的声音。求子弹射出速度（声速取 340 m/s）。

运用思维导图求解过程及结果如图 5-18 所示。

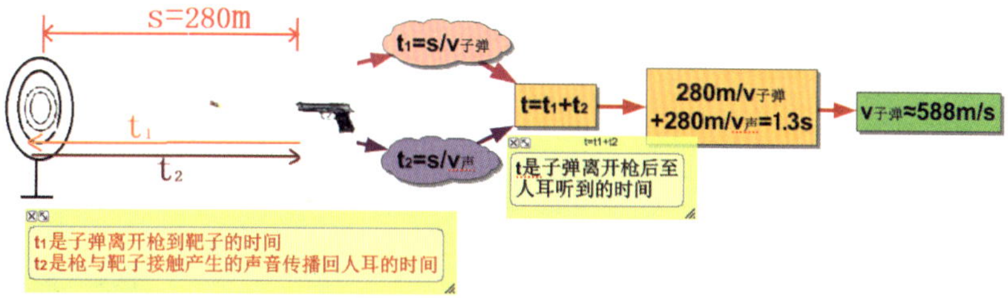

图 5-18 运用思维导图求解过程及结果

【实例 5-17】

遵守交通法规是每一个公民应该具备的最基本的道德素养。违反交通法规不仅是不文明的行为，而且会对人身安全带来威胁。如图 5-19 所示，在一条南北方向的机动车道上有一辆轿车正在由南向北匀速行驶，已知机动车道的宽度 $D=3$ m，轿车长度 $L_1=3$ m、宽度 $d=1.4$ m，行驶速度 $v=54$ km/h。假设行驶中轿车始终位于机动车道的正中间。若某时在轿车的前方突然有一人骑自行车横穿机动车道，已知自行车长 $L_2=1.8$ m，前轮行至非机动车道与机动车道交界处的 C 点时与轿车沿南北方向的距离 $s=12$ m。若驾驶轿车的人没有采取任何措施，则骑自行车的人要避免与轿车相撞，骑车的速度应满足什么条件？

运用思维导图求解过程及结果如图 5-20 所示。

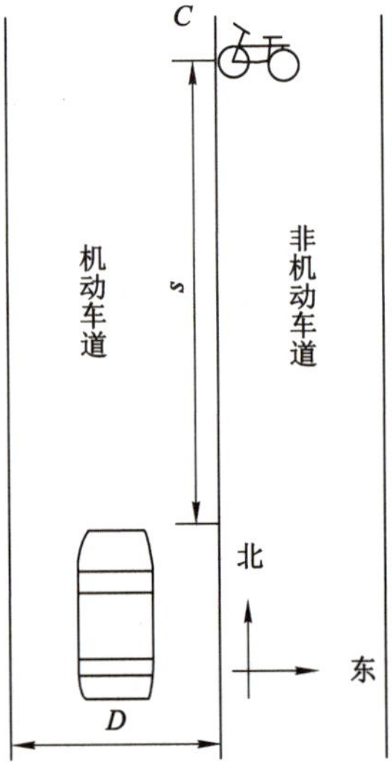

图 5-19　题图

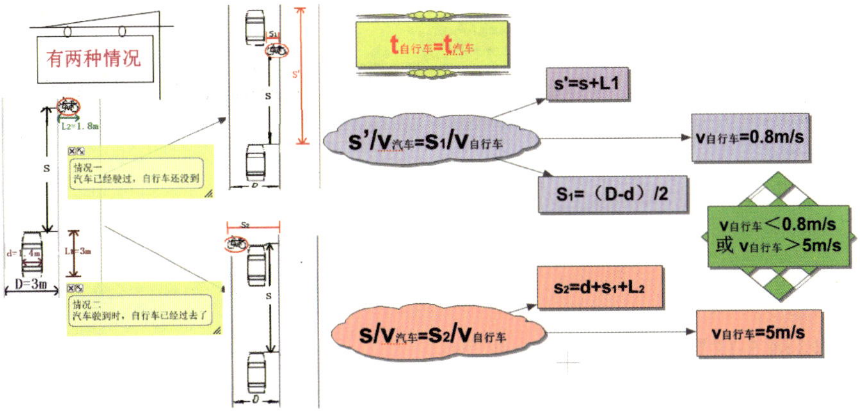

图 5-20　运用思维导图求解过程及结果

四、思维导图解决求力物理知识点实践

可以用思维导图来快速解决求力问题。

【实例 5-18】

质量是 5.0 kg 的木块，放在水平桌面上，运动时受到的摩擦力是木块重力的 0.2 倍。g 取 10 N/kg。求：(1) 木块的重力多大？(2) 要使木块在此水平面

上匀速直线运动,需要对木块施加多大的水平拉力?

运用思维导图求解过程及结果如图 5-21 所示。

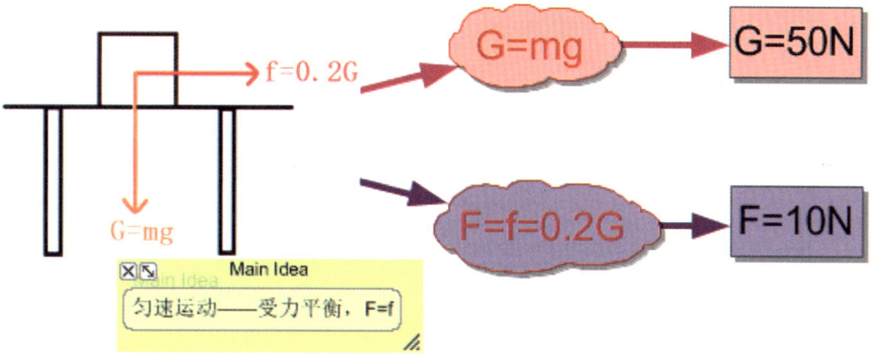

图 5-21 运用思维导图求解过程及结果

【实例 5-19】

体重为 500 N 的芭蕾舞演员,一只足尖与地面的接触面积为 10 cm^2,求此时芭蕾舞演员足尖对地面的压强是多少帕。

运用思维导图求解过程及结果如图 5-22 所示。

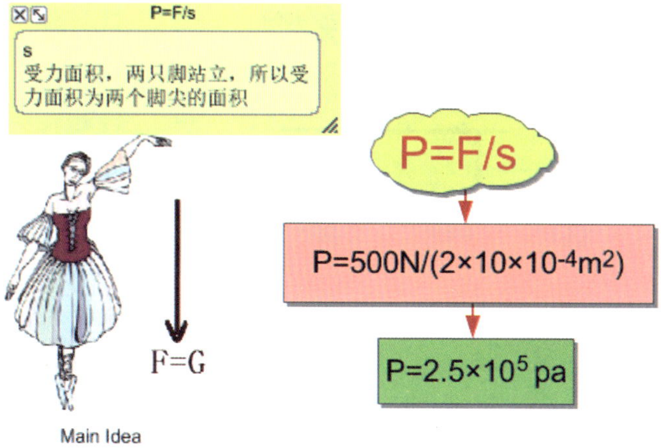

图 5-22 运用思维导图求解过程及结果

【实例 5-20】

有一个质量为 7.8 kg 的正立方体,边长为 10 cm,将它放在 1 m^2 的水平桌面上，求：(1) 桌面受到的压力为多少？(2) 桌面受到的压强为多少？(g 取 10 N/kg。)

运用思维导图求解过程及结果如图 5-23 所示。

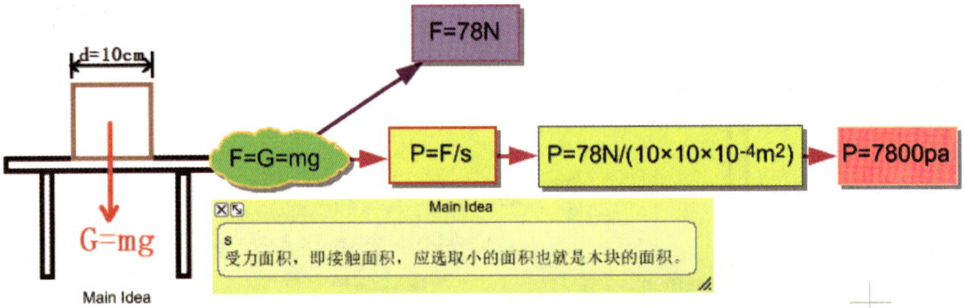

图 5-23　运用思维导图求解过程及结果

【实例 5-21】

已知：平底茶壶的质量是 400 g，底面积是 40 cm^2，内盛 0.6 kg 的开水，茶壶中水深为 12 cm，放置在水平桌面上。求：(1) 水对茶壶底部的压力大小；(2) 茶壶对桌面的压力大小。(g 取 10 N/kg。)

运用思维导图求解过程及结果如图 5-24 所示。

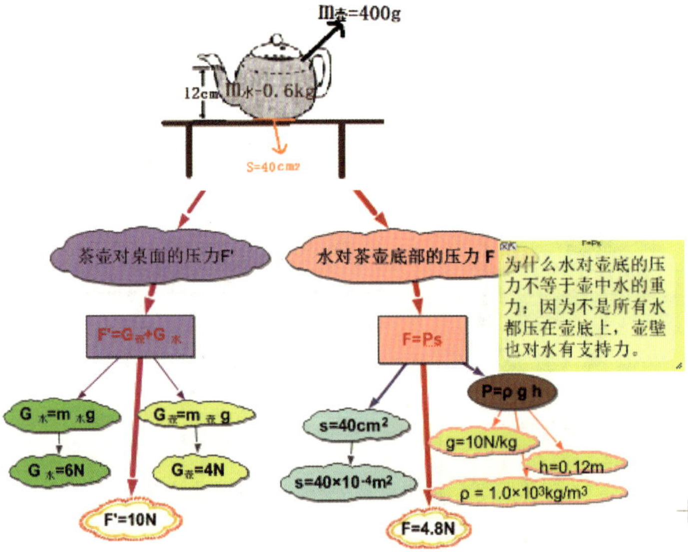

图 5-24　运用思维导图求解过程及结果

在本实例中，水对茶壶底部的压力并不等于水的重力。因为，水对壶壁也有部分压力，所以水对壶底的压力要先求出水对壶底的压强，用公式 $P=\rho gh$ 求出压强，水的密度为 1.0×10^{3} kg/m^{3}，g 为常数 10 N/kg，h 代表深度，$h=12$ cm$=0.12$ m，求出 $P=0.12\times10^{4}$ Pa。用公式 $F=Ps$ 求出水对壶底的压力，其中 $s=40$ cm$^{2}=40\times10^{-4}$ m^{2}，最后算出水对壶底的压力为 4.8 N。

茶壶对桌面的压力等于茶壶的重力加上其中水的重力。已知茶壶和水的质量用 $G=mg$ 可求出所受重力，即茶壶对桌面的压力。

【实例 5-22】

如图 5-25 所示，将一个体积为 0.8×10^{-3} m^{3}，重为 5 N 的木球用细线系在底面积为 200 cm^{2} 的圆柱形容器的底部，当容器中倒入足够的水使木球被浸没时，求：(1) 细线对木球的拉力；(2) 剪断细线，木球处于静止时，木球露出水面的体积。

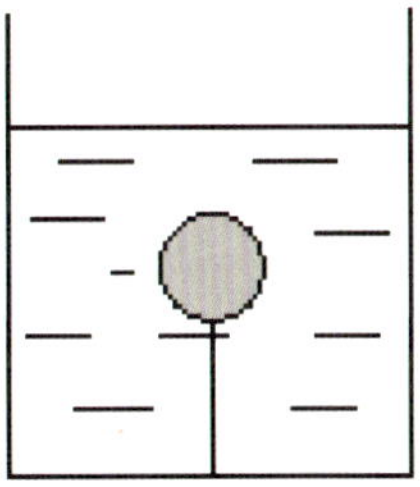

图 5-25　题图

运用思维导图求解过程及结果如图 5-26 所示。

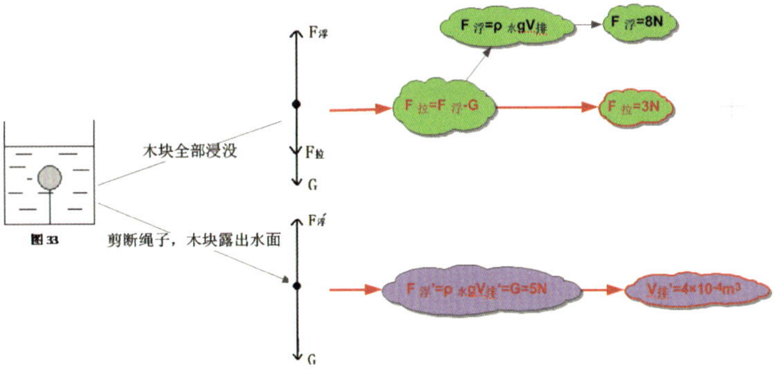

图 5-26　运用思维导图求解过程及结果

【实例 5-23】

如图 5-27 所示，杠杆 AB 可绕 O 点在竖直平面内转动，$AO:OB=2:3$，D 为 OB 中点，滑轮重为 100 N。当在 D 点施加大小为 F 的竖直向下的拉力时，杠杆在水平位置平衡，边长为 0.2 m 的正方体 M 对水平地面的压强为 5 000 Pa。已知物体 M 重 220 N。若不计杠杆重、绳重和摩擦，图中各段绳子所受拉力均沿竖直方向，求：(1) 物体 M 受到绳的拉力；(2) 拉力 F 的大小。

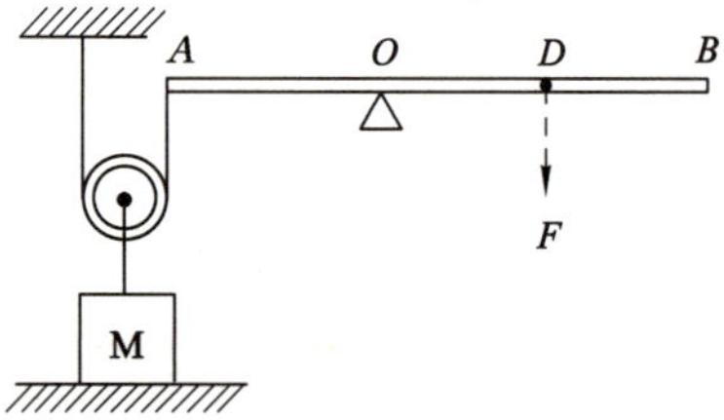

图 5-27　题图

运用思维导图求解过程及结果如图 5-28 所示。

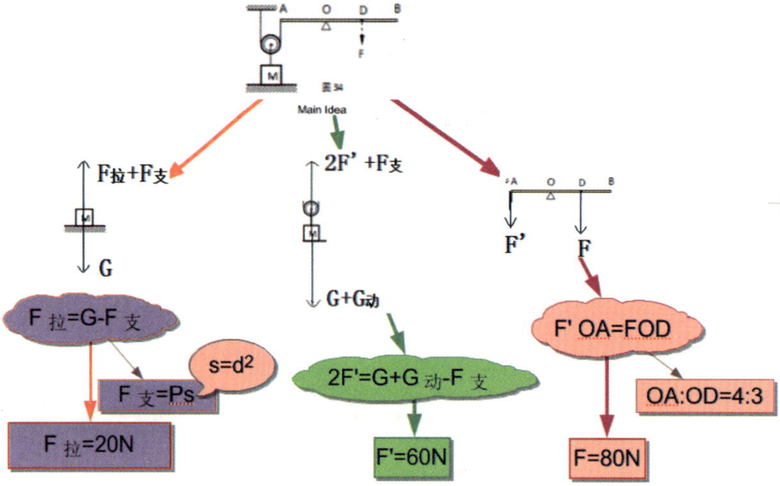

图 5-28　运用思维导图求解过程及结果

【实例 5-24】

图 5-29 是利用电子秤显示水库水位装置的示意图。该装置主要由滑轮，物体 A、B 以及轻质杠杆(MN)组成。物体 A 通过细绳与滑轮相连，物体 B 通过细绳与杠杆相连。杠杆可以绕支点 O 在竖直平面内转动。杠杆始终在水平位置

平衡，且 $MO:MN=1:3$。物体 B 受到的重力为 200 N，A 的体积为 0.04 m^3。当物体 A 恰好浸没在水中时，物体 B 对电子秤的压力为 F_1；若水位下降至物体 A 恰好完全露出水面时，物体 B 对电子秤的压力为 F_2。已知：滑轮的重力为 20 N，$F_1:F_2=29:9$。滑轮与转轴的摩擦、杠杆与轴的摩擦均忽略不计，g 取 10 N/kg。求：物体 A 的重力。

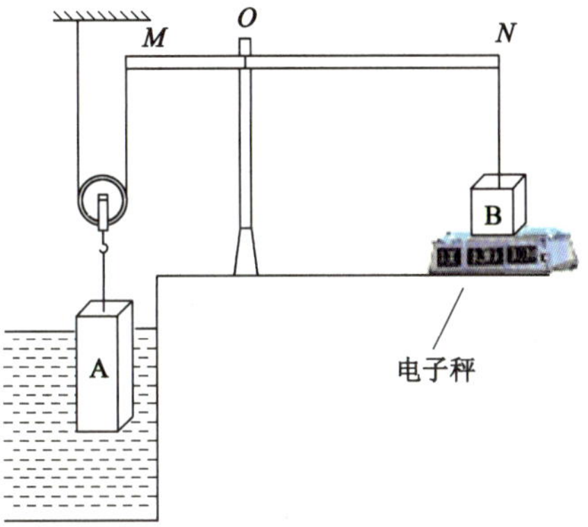

图 5-29　题图

运用思维导图求解过程及结果如图 5-30 所示。

【实例 5-25】

如图 5-31 所示，用滑轮组匀速提起 1 200 N 的重物，拉力做功的功率为 1 000 W，绳子自由端上升的速度为 2 m/s。不计绳重和摩擦。求：(1) 作用在绳自由端的拉力为多大？(2) 动滑轮重为多少？(3) 若用此滑轮组成提起 1 500 N 的重物，滑轮组成的机械效率多大？

运用思维导图求解过程及结果如图 5-32 所示。

【实例 5-26】

如图 5-33 所示，在水平桌面上放着一个玻璃杯，水面距杯底 10 cm，水的质量是 0.12 kg，玻璃杯重 0.4 N，玻璃杯的底面积是 10 cm^2。$g=10$ N/kg。求：(1) 水对杯底部的压强是多少？(2) 水对杯底部的压力是多少？(3) 杯子对桌面的压力是多少？(4) 杯子对桌面的压强是多少？

运用思维导图求解过程及结果如图 5-33 所示。

【实例 5-27】

一支两端开口的玻璃管，在下端附一塑料片（质量不计），竖直压入水下 20 cm 深处，如图 5-34 所示。求：(1) 塑料片受到水的压强是多大？(2) 如果在

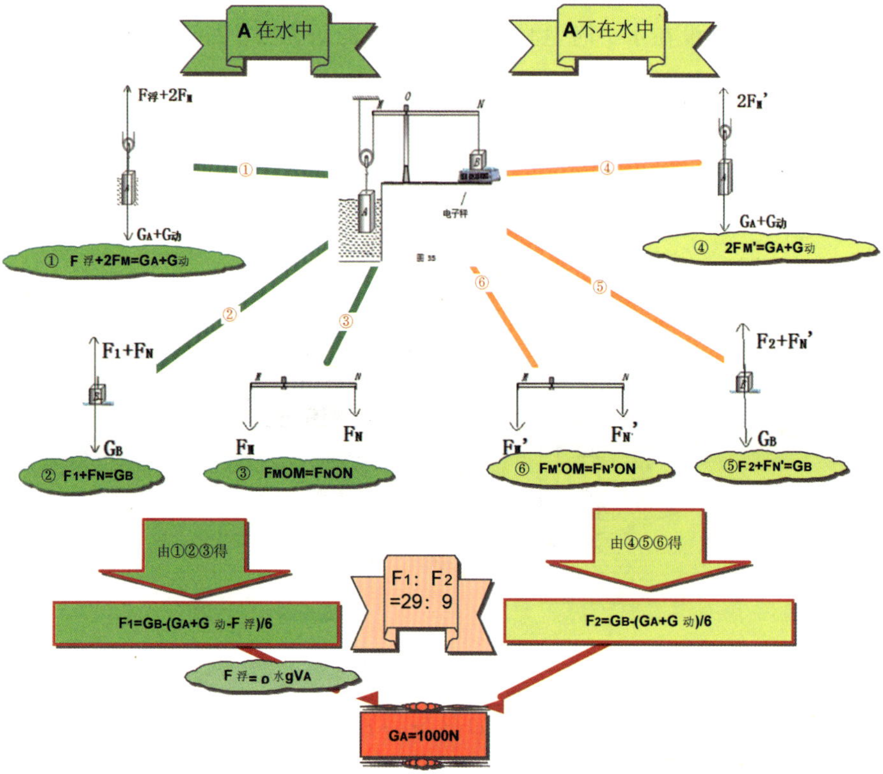

图 5-30 运用思维导图求解过程及结果

图 5-31 题图

管中缓缓地注入酒精，当酒精柱液面超出水面多高时，塑料片开始脱落。($g=10$ N/kg。)

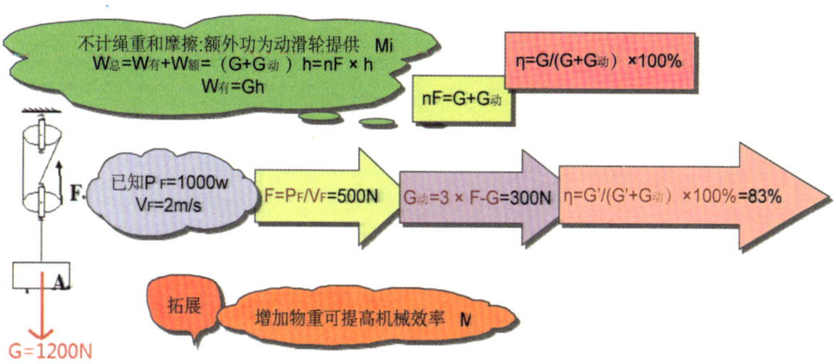

图 5-32 运用思维导图求解过程及结果

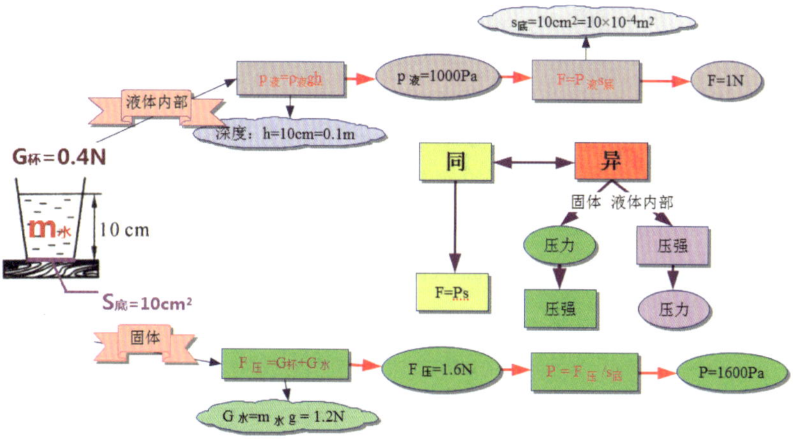

图 5-33 运用思维导图求解过程及结果

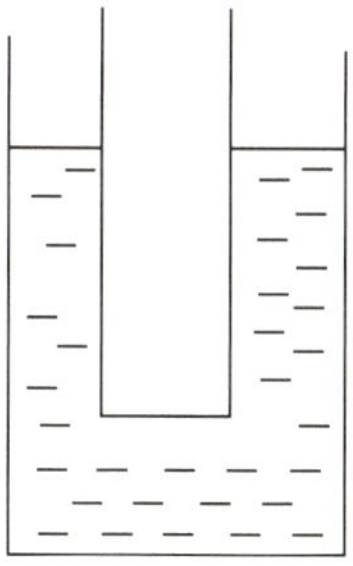

图 5-34 题图

运用思维导图求解过程及结果如图 5-35 所示。

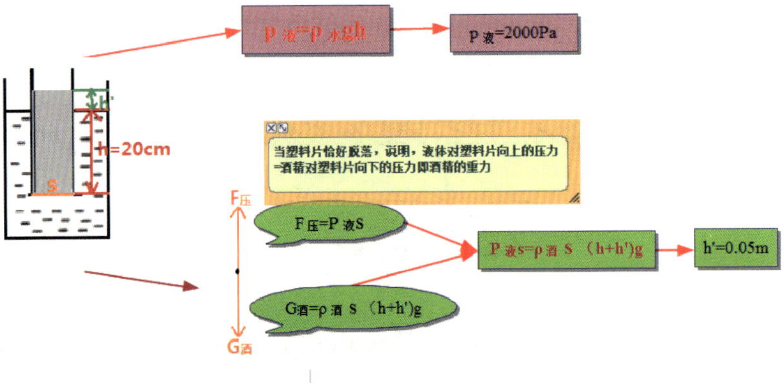

图 5-35　运用思维导图求解过程及结果

【实例 5-28】

如图 5-36 所示，将一个体积为 1.0×10^{-3} m^3，重为 6 N 的木球用细线系在底面积为 500 cm^2 的圆柱形容器的底部。当容器中倒入足够的水使木球被浸没时，求：(1) 木球浸没在水中受到的浮力；(2) 细线对木球的拉力；(3) 剪断细线后，木球处于静止时，木球露出水面的体积。(g 取 10 N/kg。)

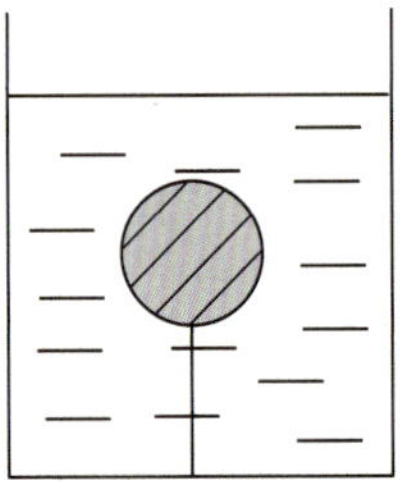

图 5-36　题图

运用思维导图求解过程及结果如图 5-37 所示。

【实例 5-29】

如图 5-38 所示，用滑轮组将一个密度为 2×10^3 kg/m^3、体积为 0.5 m^3 的石块在水中匀速提起。轮重及摩擦均不计，g 取 10 N/kg。求：(1) 在石块出水之前，作用于绳子自由端的拉力；(2) 在石块出水之后，若石块一直以 0.2 m/s 的速度被提升，此时绳端拉力的功率。

运用思维导图求解过程及结果如图 5-38 所示。

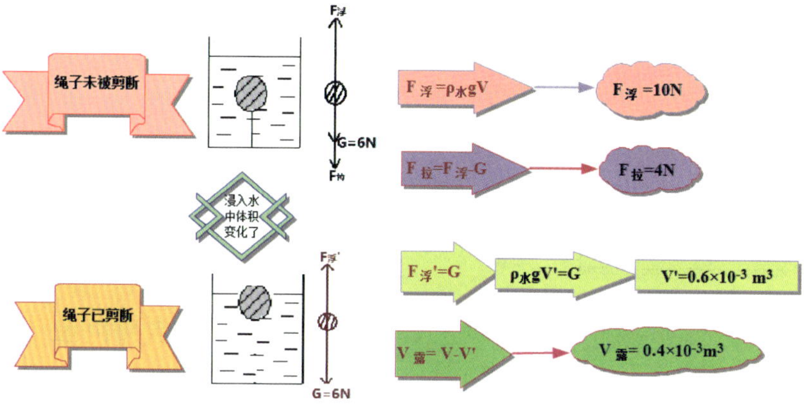

图 5-37　运用思维导图求解过程及结果

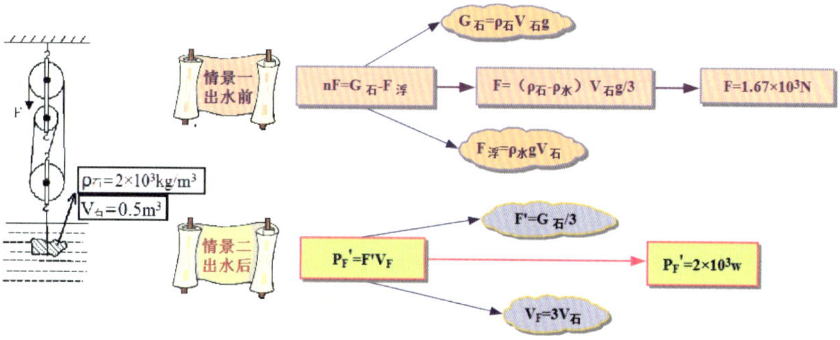

图 5-38　运用思维导图求解过程及结果

【实例 5-30】

如图 5-39 所示，已知物体 A 重为 60 N，在水平拉力 F 的作用下，物体以 0.2 m/s 的速度做匀速直线运动，物体与水平地面之间的摩擦力为 12 N。若滑轮组的机械效率为 80%，求：(1) 在 4 s 内拉力 F 所做的功；(2) 拉力 F 做功的功率；(3) 拉力 F 的大小。

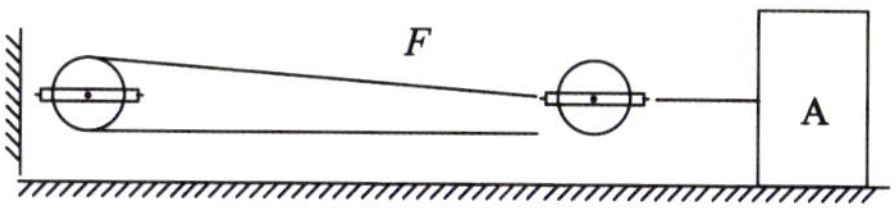

图 5-39　题图

运用思维导图求解过程及结果如图 5-40 所示。

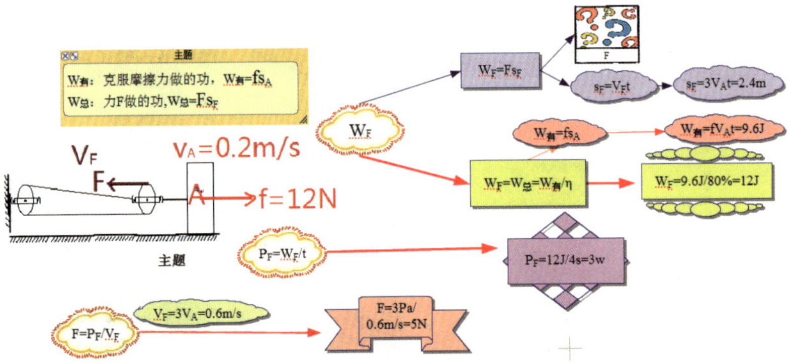

图 5-40　运用思维导图求解过程及结果

【实例 5-31】

如图 5-41 所示，小型牵引车通过滑轮组匀速打捞起深井中的物体。已知物体重 1.2×10^3 N，其密度为 1.6×10^3 kg/m³。测得物体在出水面前、后牵引车作用在绳子上的拉力之比为 1∶2。若不计摩擦、绳重及水的阻力，g 取 10 N/kg，求：(1) 动滑轮的重力是多少牛？(2) 物体在整个上升过程中的速度始终是 1 m/s，则牵引车拉力的最大功率是多少瓦？

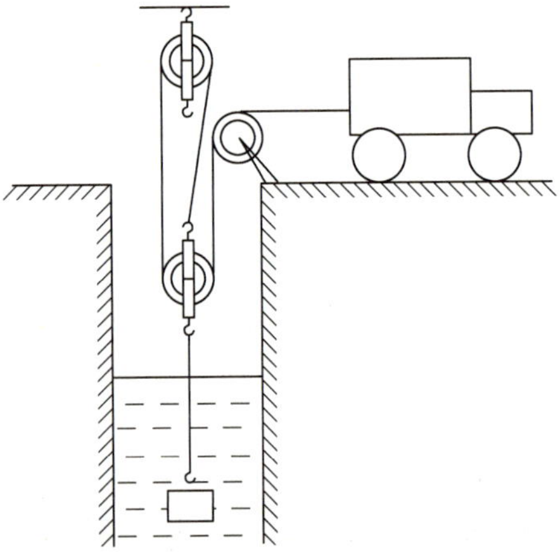

图 5-41　题图

运用思维导图求解过程及结果如图 5-42 所示。

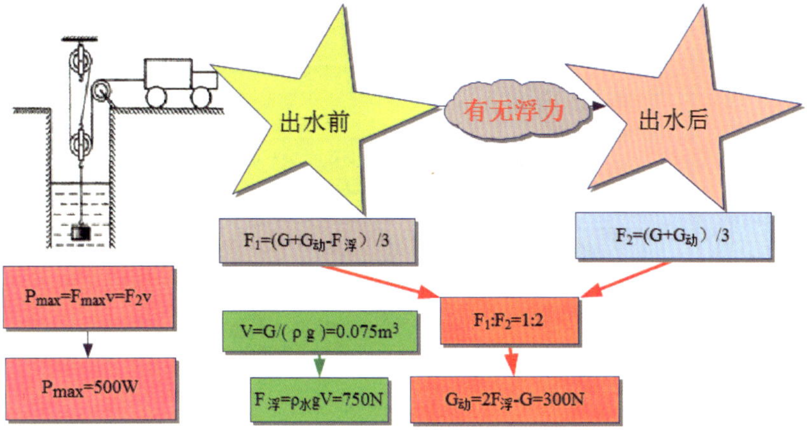

图 5-42 运用思维导图求解过程及结果

【实例 5-32】

如图 5-43 所示，小民利用滑轮组先后竖直向上匀速提升物体 A 和物体 B。当提升物体 A 时，滑轮组的机械效率为 75%，小民对地面的压力为 F_1；当提升物体 B 时，小民对地面的压力为 F_2。已知小民的质量为 65 kg，物体 A 的质量为 90 kg，物体 B 的质量为 50 kg。假设在拉绳子的过程中，小民对绳子的拉力与对地面的压力始终竖直向下且在同一直线上。不计绳重和摩擦。求 $F_2:F_1=$________。

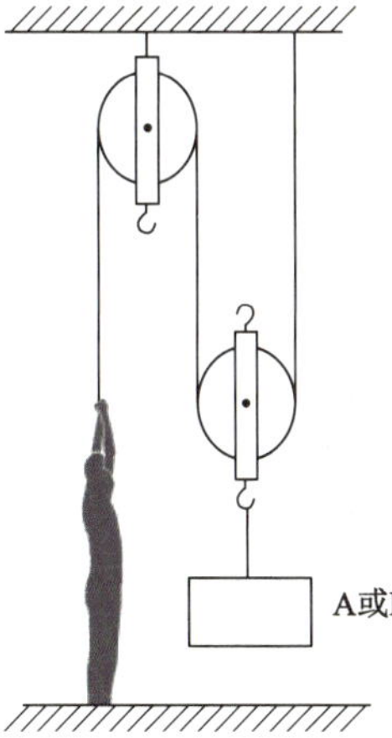

图 5-43 题图

运用思维导图求解过程及结果如图 5-44 所示。

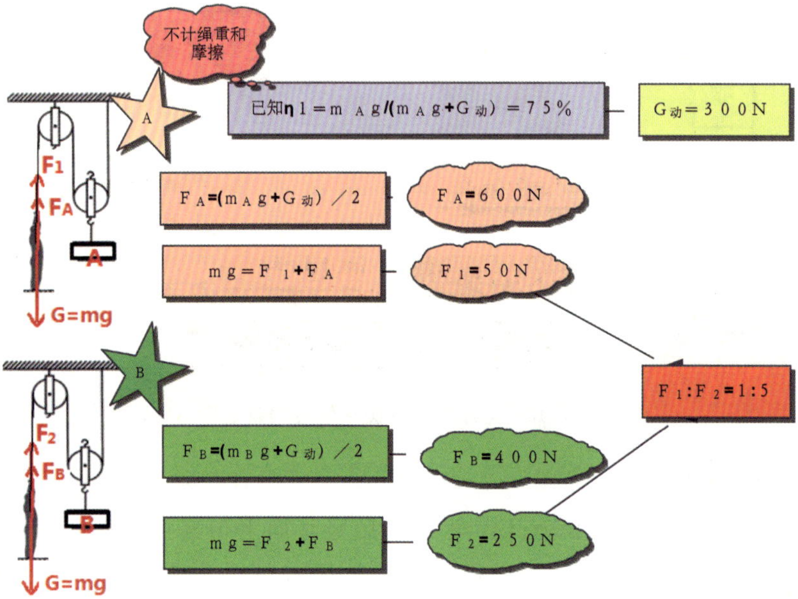

图 5-44　运用思维导图求解过程及结果

【实例 5-33】

如图 5-45 所示，物体 A 重 50 N，物体 B 重 30 N，物体 A 在物体 B 的作用下向左做匀速直线运动，如果在物体 A 上加一个水平向右的力 F 拉动物体 A，使物体 B 以 0.1 m/s 的速度匀速上升，动滑轮重 6 N。绳重及轴摩擦不计。求拉力 F 为________N，2 min 内拉力所做的功是________J。

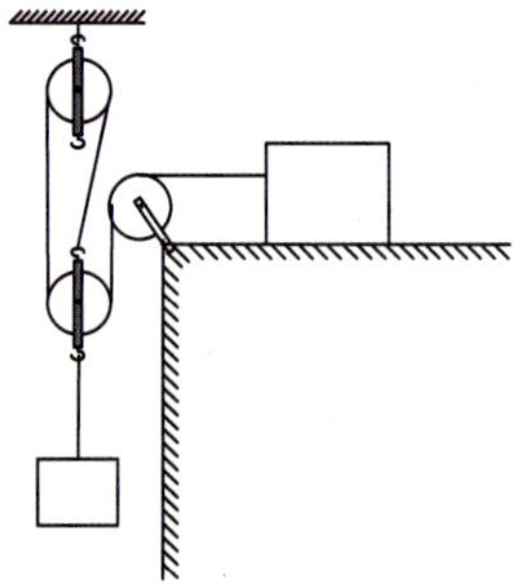

图 5-45　题图

运用思维导图求解过程及结果如图 5-46 所示。

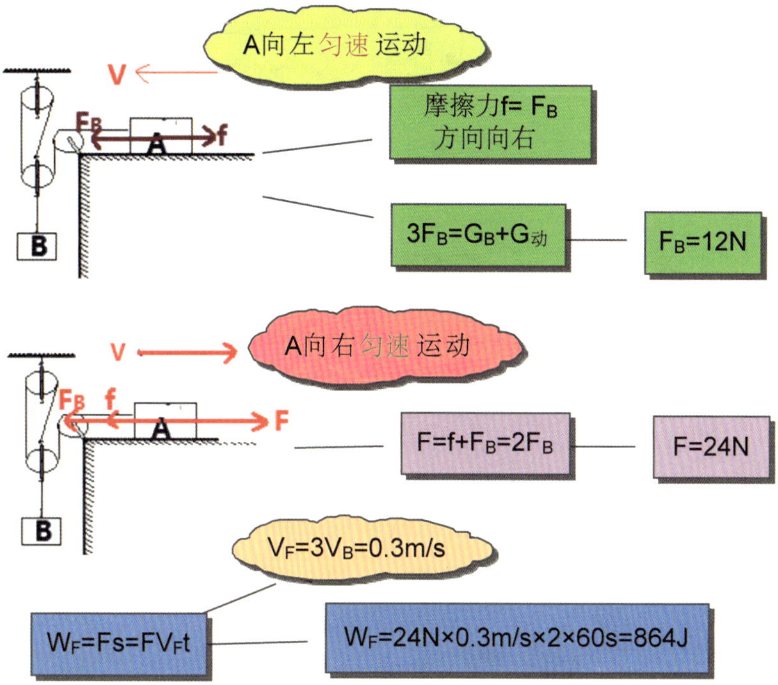

图 5-46 运用思维导图求解过程及结果

五、思维导图解决电物理知识点实践

可以用思维导图来快速求解电学问题。

【实例 5-34】

如图 5-47 所示，在电路实物连接示意图中，电源两端电压不变，灯电阻不变。滑动变阻器的最大阻值为 R_1。当滑片 P 在 B 端，只闭合 S_2 时，电压表 V_1 示数为 U_1，电流表示数为 I_1；滑片 P 在 B 端，开关都断开时，电压表 V_2 示数为 U_2，滑动变阻器的功率 $P_1=2$ W；当滑片在 A 端，只闭合 S_1 时，灯泡正常发光，电流表的示数为 I_3。已知 $U_1:U_2=5:3$，$I_1:I_3=2:3$；电阻 $R_2=9\ \Omega$。求：(1) 灯的额定功率 P_{L0}；(2) 电源电压 U；(3) 电源不发生短路的情况下，通过不同变化，电路消耗的最大功率 P_{max}。

运用思维导图求解过程及结果如图 5-48 所示。

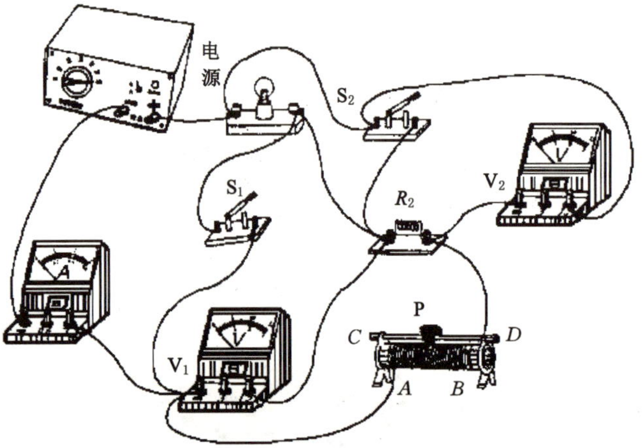

图 5-47　题图

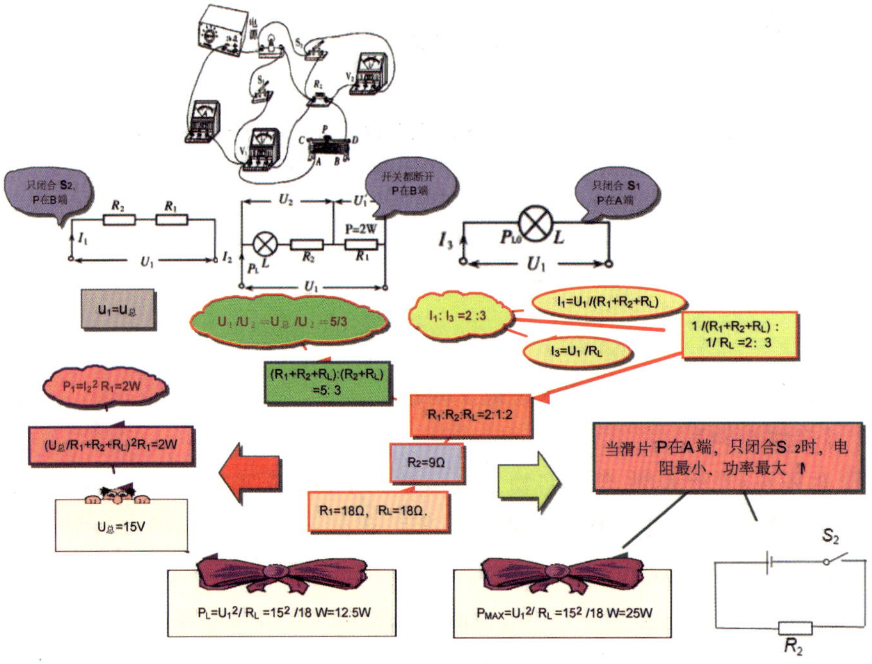

图 5-48　运用思维导图求解过程及结果

【实例 5-35】

如图 5-49 所示，滑动变阻器 R_1 的最大阻值是 200 Ω，电阻 R_2 是 300 Ω，电源电压是 6 V 且保持不变。当滑动变阻器的滑片 P 由 a 端滑到 b 端，电压表示数的变化是（　）。

A. 6 V～0 V　　B. 3.6 V～6 V

C. 6 V～3.6 V　　D. 6 V～2.4 V

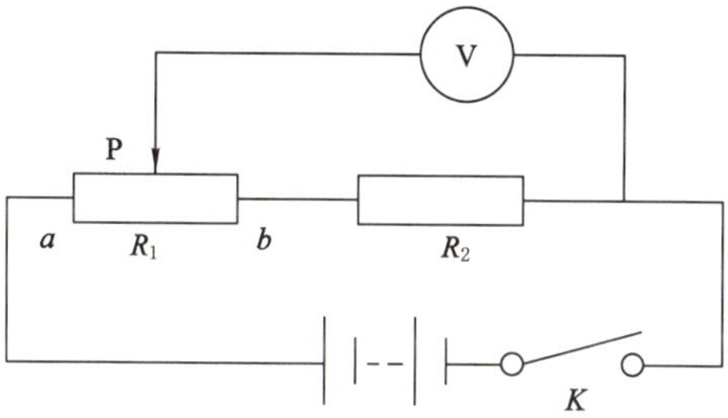

图 5-49　题图

运用思维导图求解过程及结果如图 5-50 所示。

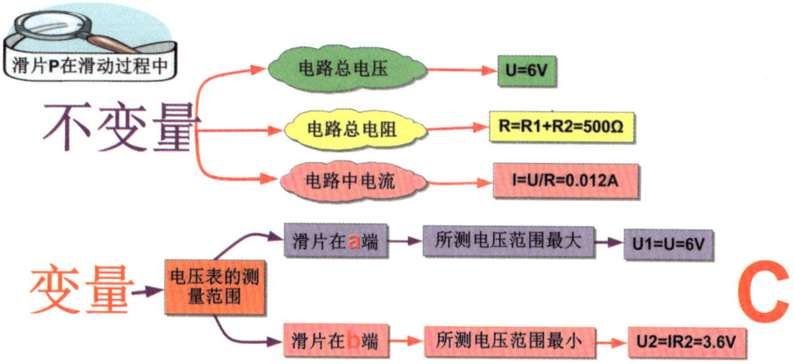

图 5-50　运用思维导图求解过程及结果

【实例 5-36】

如图 5-51 所示，在电路中，电源电压保持不变，电阻 R_0 的值是 30 Ω。当开关 S_1、S_2 都闭合时，电压表的示数是 4.5 V；当开关 S_1 断开，S_2 闭合时，电压表的示数是 3 V，则电阻 R 值是（　）。

A. 15 Ω　　B. 30 Ω　　C. 45 Ω　　D. 60 Ω

运用思维导图求解过程及结果如图 5-52 所示。

【实例 5-37】

小明按照图 5-53 所示的电路图连接好电路。闭合开关 S 后，他将滑动变阻

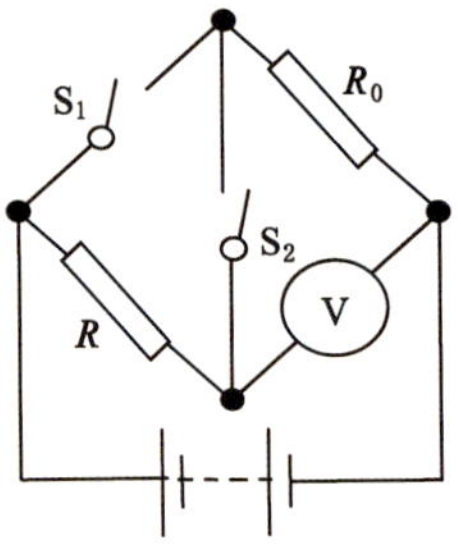

图 5-51　题图

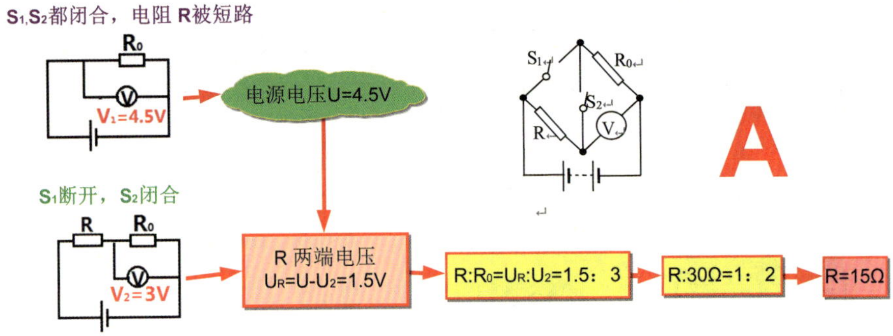

图 5-52　运用思维导图求解过程及结果

器的滑片 P 向右滑动，使得电路发生了一些变化。若电源两端电压不变，则下列关于电路变化的说法正确的是(　)。

A. 电流表 A_1、A_2 示数的变化相同

B. 电压表 V 与电流表 A_2 示数的比值变小

C. 电压表 V 与电流表 A_2 示数的比值变大

D. 电压表 V 与电流表 A_2 示数的比值不变

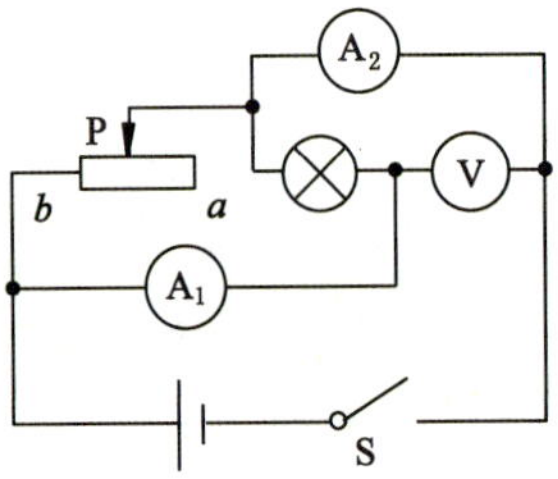

图 5-53　题图

运用思维导图求解过程及结果如图 5-54 所示。

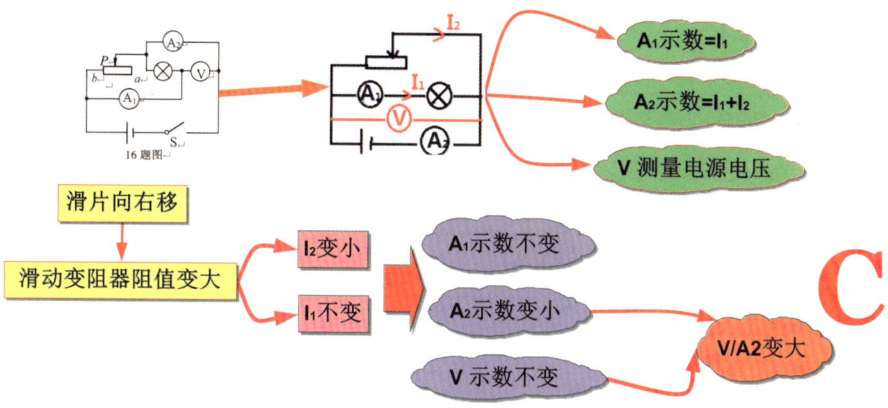

图 5-54 运用思维导图求解过程及结果

六、思维导图解决光物理知识点实践

可以用思维导图来快速解决光学问题。

【实例 5-38】

眼睛是心灵的窗户。关于眼睛及其视力矫正,下列说法正确的是(　)。

A. 眼睛的晶状体相当于凹透镜

B. 远处物体通过晶状体所成的像是虚像

C. 近视眼看不清远处景物,是因为景物的像落在视网膜后方

D. 用来矫正远视眼视力的眼镜镜片是凸透镜

运用思维导图求解过程及结果如图 5-55 所示。

【实例 5-39】

下列说法中正确的是(　)。

A. 光线通过凸透镜后,折射光线会聚于一点,这一点就是凸透镜的焦点

B. 凸透镜对光束有会聚作用,凹透镜对光束有发散作用

C. 平行光线通过凸透镜和凹透镜后,都会会聚于一点

D. 凸透镜对光线有会聚作用,所以通过凸透镜的光线一定相交于一点

运用思维导图求解过程及结果如图 5-56 所示。

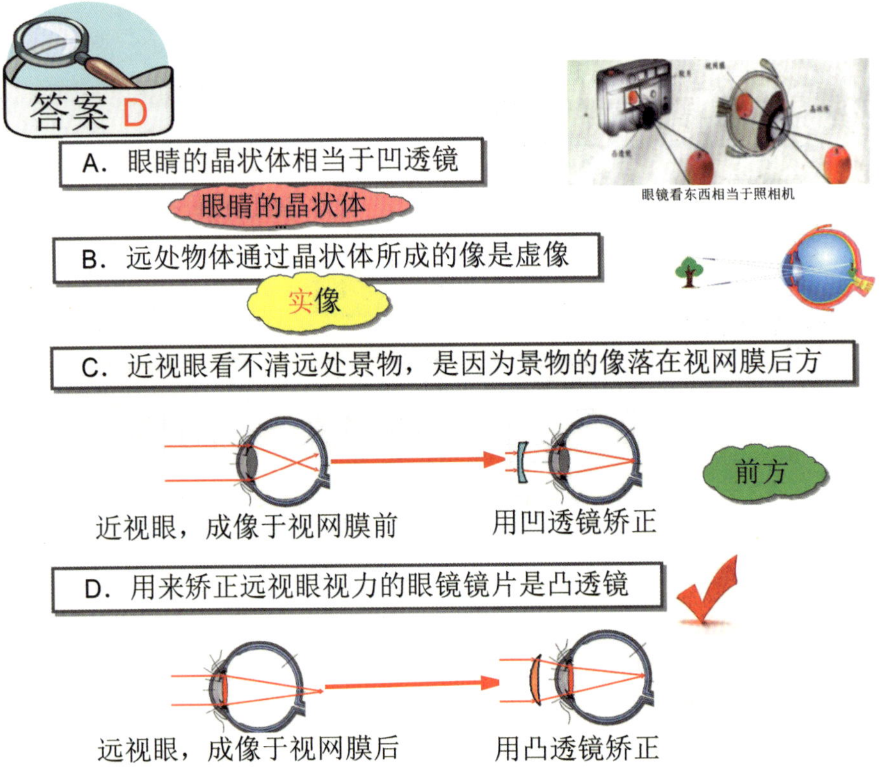

图 5-55　运用思维导图求解过程及结果

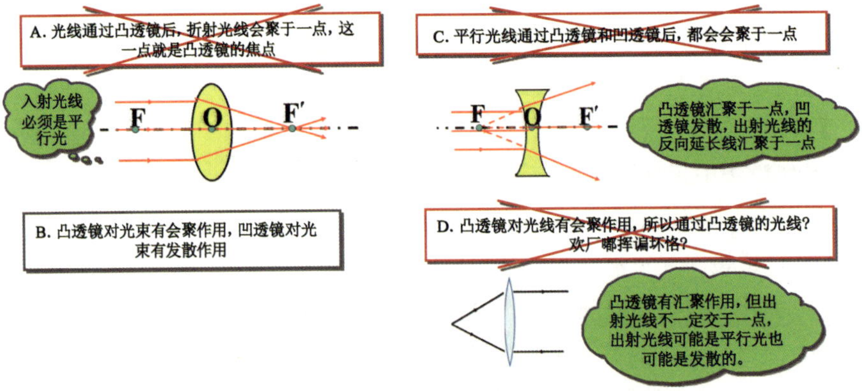

图 5-56　运用思维导图求解过程及结果

【实例 5-40】

在凸透镜及其应用的结论中，正确的是（ ）。

A. 放大镜对光线起发散作用

B. 使用放大镜观看物体时，只能看到物体正立、放大的虚像

C. 要使投影仪清晰成像在更远的屏幕上，投影仪的镜头要距投影片更近一些

D. 用照相机拍照，若由拍摄全身像改为拍摄半身像，应使照相机靠近被拍照人，同时增大镜头与底片的距离

运用思维导图求解过程及结果如图 5-57 所示。

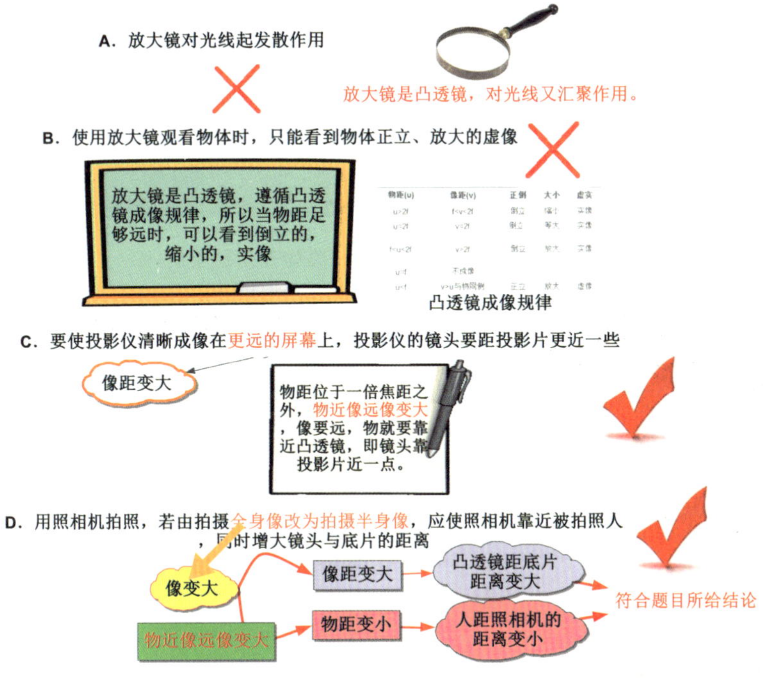

图 5-57 运用思维导图求解过程及结果

第四节 学生利用思维导图解决物理问题实例

在老师的不断指导和长期训练下，学生已经初步掌握利用思维导图解决物理问题的具体过程、解决方法。比较代表性的学生利用思维导图解决物理问题实例如图 5-58 至图 5-68 所示。

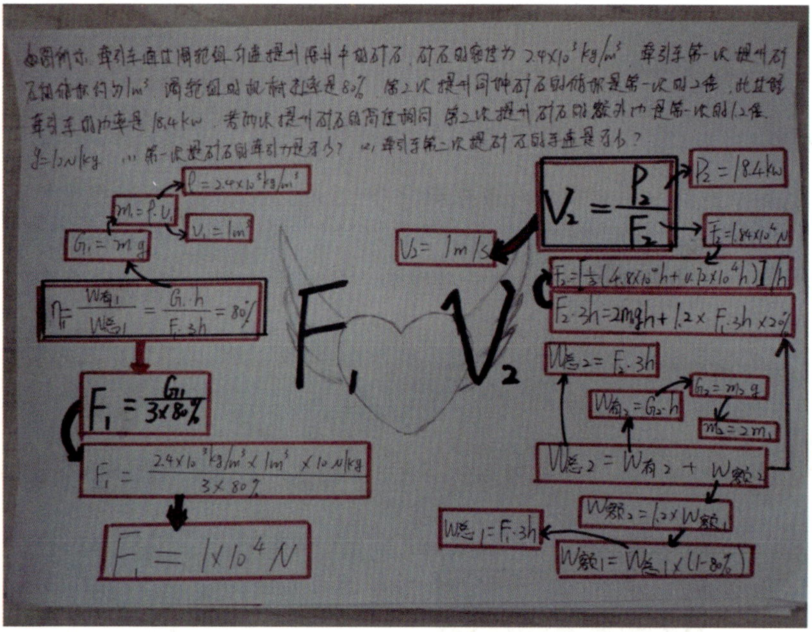

图 5-58　学生利用思维导图解决物理问题实例一

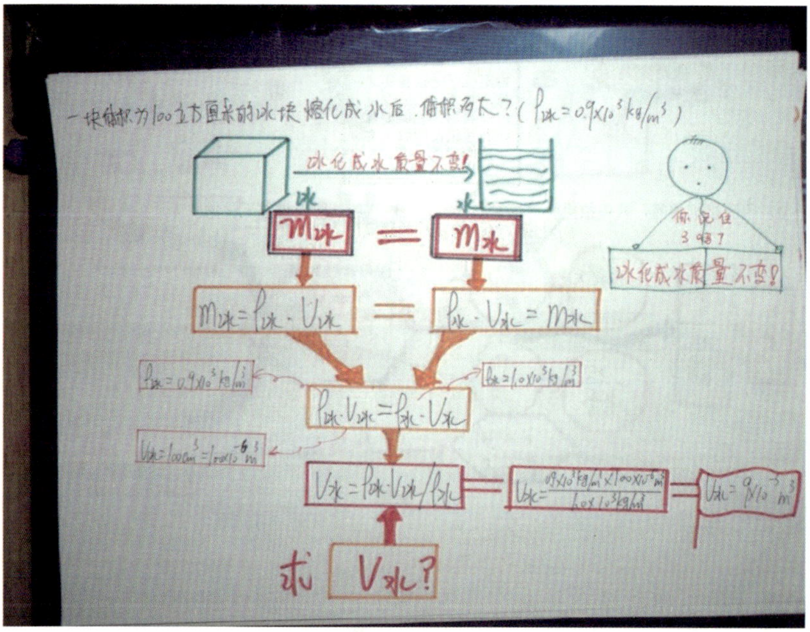

图 5-59　学生利用思维导图解决物理问题实例二

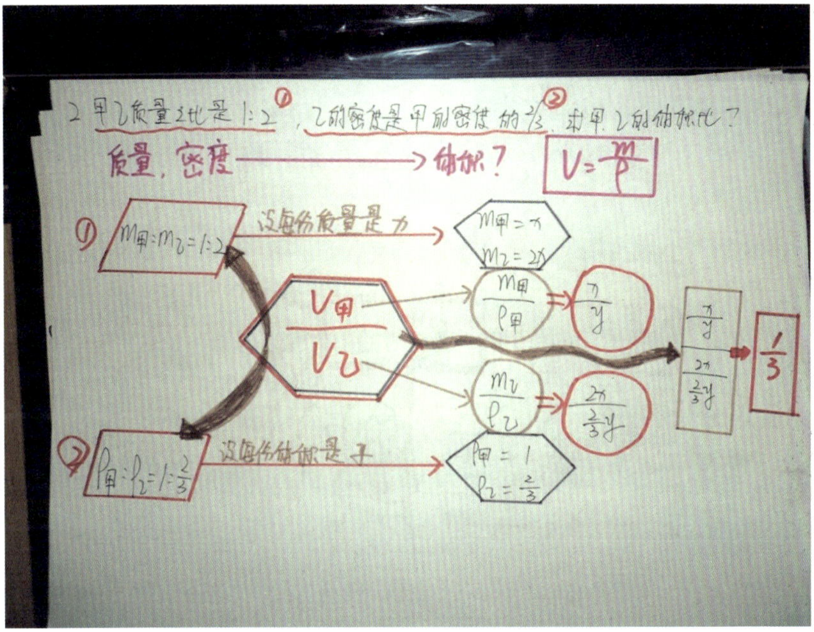

图 5-60　学生利用思维导图解决物理问题实例三

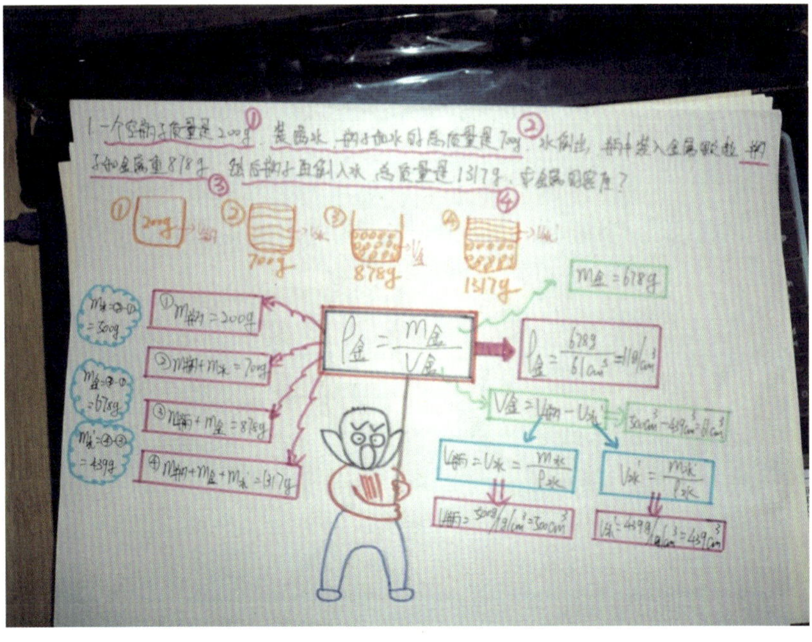

图 5-61　学生利用思维导图解决物理问题实例四

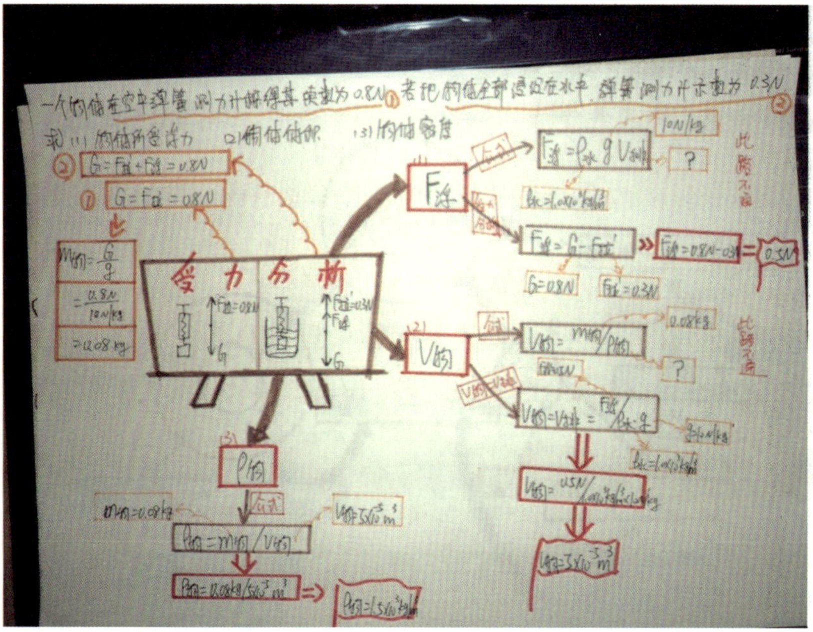

图 5-62　学生利用思维导图解决物理问题实例五

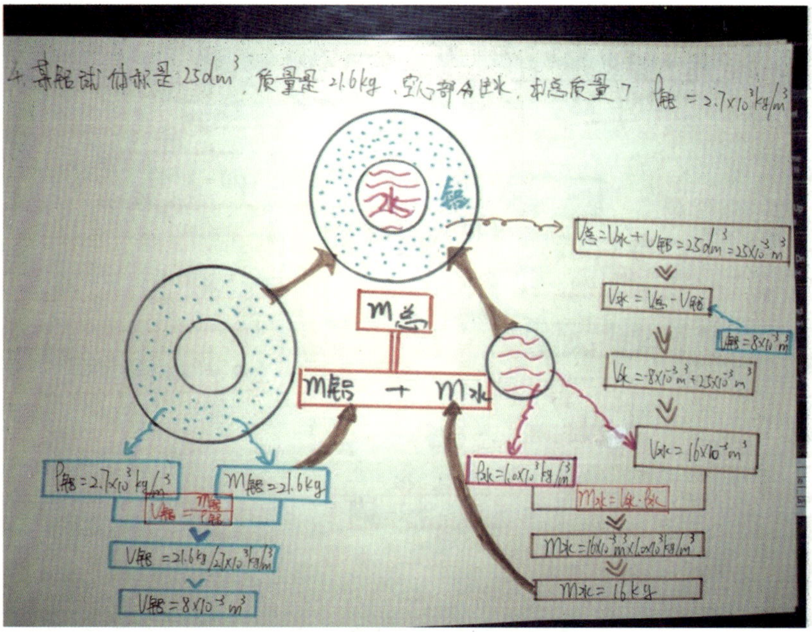

图 5-63　学生利用思维导图解决物理问题实例六

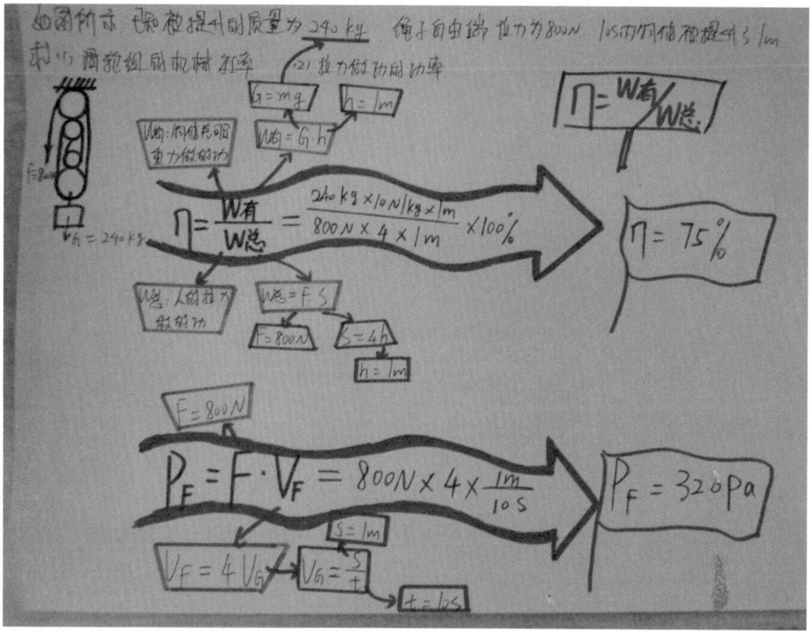

图 5-64　学生利用思维导图解决物理问题实例七

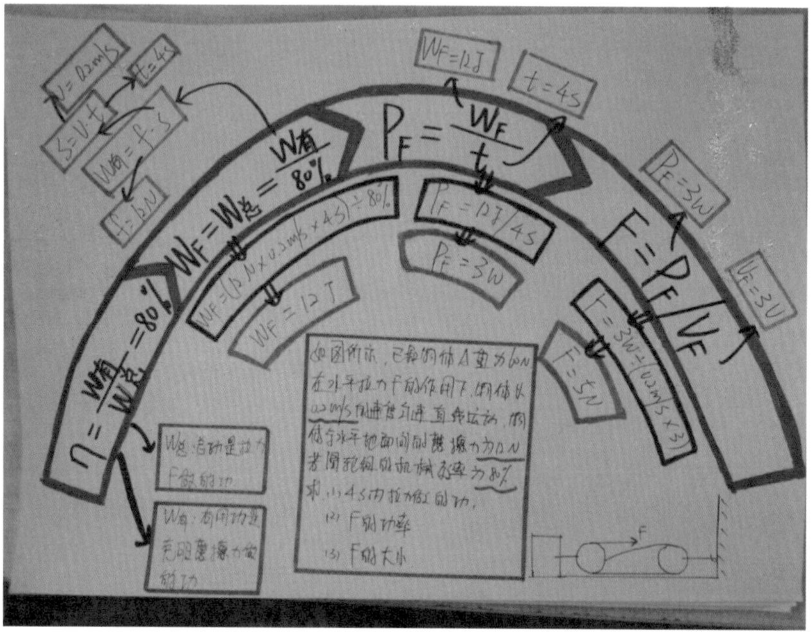

图 5-65　学生利用思维导图解决物理问题实例八

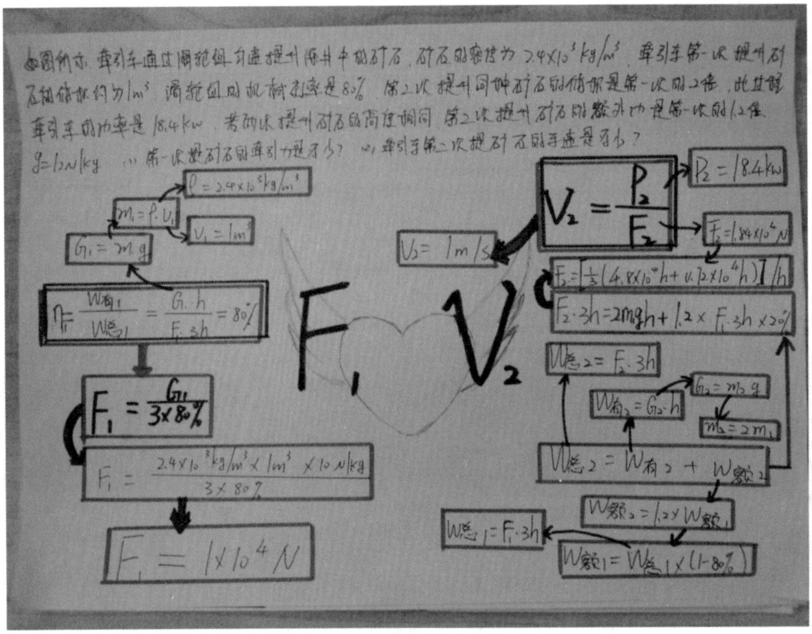

图 5-66　学生利用思维导图解决物理问题实例九

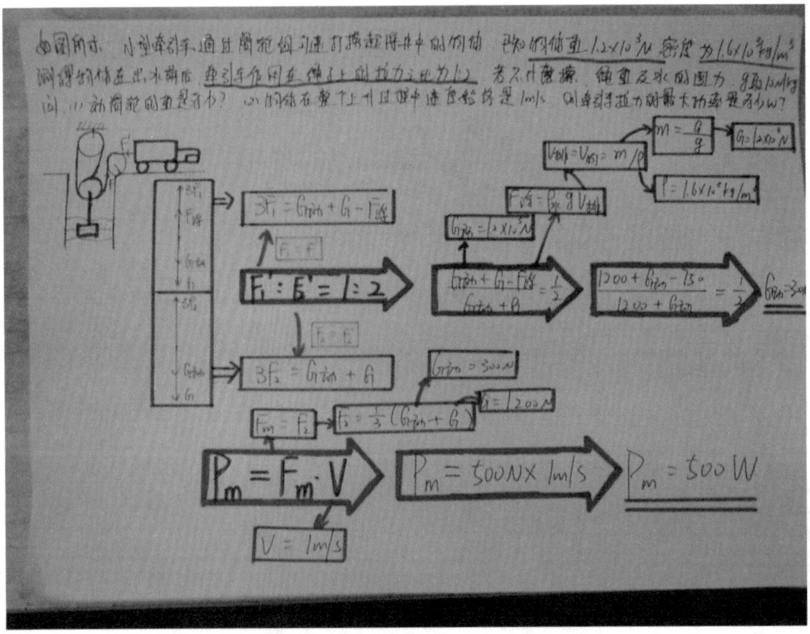

图 5-67　学生利用思维导图解决物理问题实例十

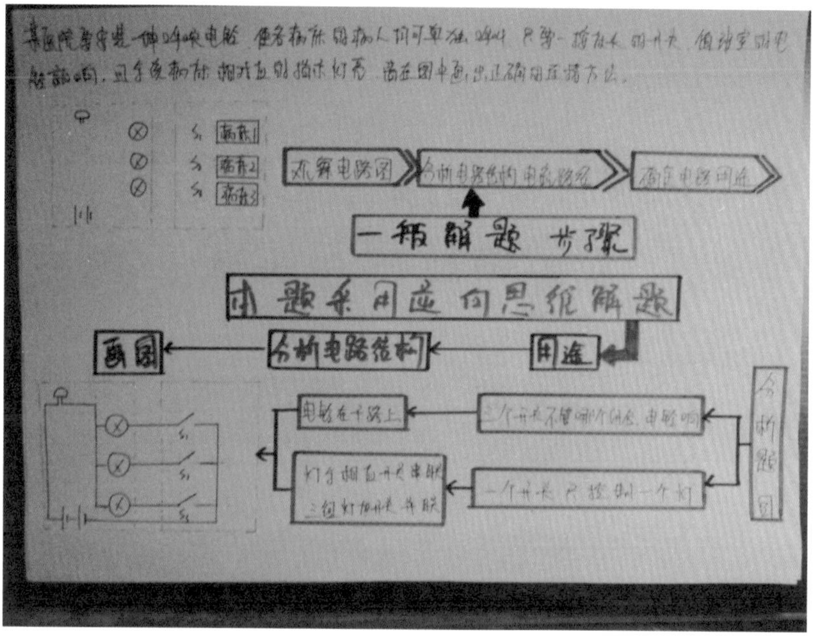

图 5-68　学生利用思维导图解决物理问题实例十一

第六章　思维导图在新课教学中应用与实践

第一节　思维导图新课教学模式与教学流程

一、新课教学模式

“三图六构模式”模型构建见图 6-1。

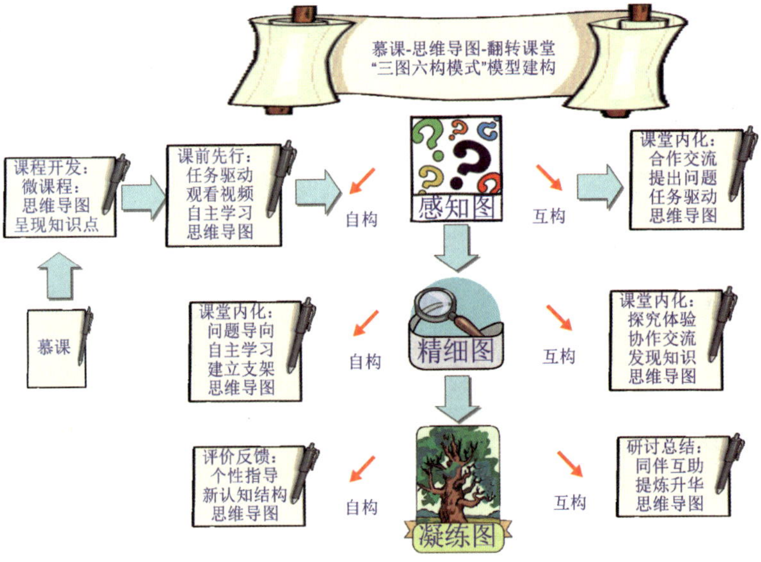

图 6-1　“三图六构模式”模型

（一）画粗略图

自构:这一步骤是可以在课前 10 分钟完成,也可以让学生课前预习。利用思维导图进行预习的做法是:对即将开始的学习内容,进行整体感知,按照课本内容，提取纲要，画出思维导图。并且分出哪些内容自己已懂和哪些内容自己还不懂，找出学习的重点和难点。在准备课堂上有针对地听讲和提问。写出自己的想法和感受。这样，学生对将要学习内容有整体感悟，并在此过程中明确了学习目标。

互构：这一环节里，学生先进行成果展示，小组合作讨论交流，充分发表个人见解，其他组补充、提问等。学生做出对本节课要研究问题的整体感知图，也就是一个粗略图。在交流中，教师找出有共性的问题，作为本节课的教学重点、难点部分，也为下一环节的教学做了铺垫。

（二）画精细图

自构：教师有针对性对大家共同的问题激发引导，设计实验，探究讨论，使学生的思维逐渐明朗。此时学生是在预习所画思维导图基础上进行课堂学习，重新完成对知识的理解与认识，描绘补充画出精细图，这极大地提高学生学习的兴趣。每一个学生都想表达自己的想法，都想最终描绘出一幅属于自己的完整的图画。这样的学习使原有认识和新认识形成明显的对比，学生学有所获，最终描绘出一个个不同的图画。

互构：每一个问题教师讲解之后，学生都需要一个内化吸收过程、需要一定的讨论交流。这是思维的梳理和建构过程。需要给学生一个短暂的时间，让他们内化、巩固、交流，达到知识的落实。这个时候也是学生精细化学习的一个环节，对自己的问题能够有一个细致更全面的认识。传统的教学中，教师往往不重视这一环节，使学生对知识的吸收率大大降低。

（三）画凝练图

自构：人们对知识的记忆和储存是有限的。再深刻的知识也容易遗忘或模糊。学生的学习也是如此。经过前期努力，学生完成对知识的认识与再理解，但学习并没有结束，需要进一步巩固提升，归纳总结。可以让学生重新回顾用语言或重新描述思维导图的关键内容，对解决问题的思路进行梳理。

互构：同样一节课，每个人的收获是不同的。相互交流，会使大家对知识有一个更全面的了解和认识，同时教师可以了解到每个学生学习的程度、收获、不足，从而更好地评价反馈自己的教学。

二、教学流程

教学流程包括问题呈现，展示交流，探究讨论，解决问题等，如图 6-2 所示。

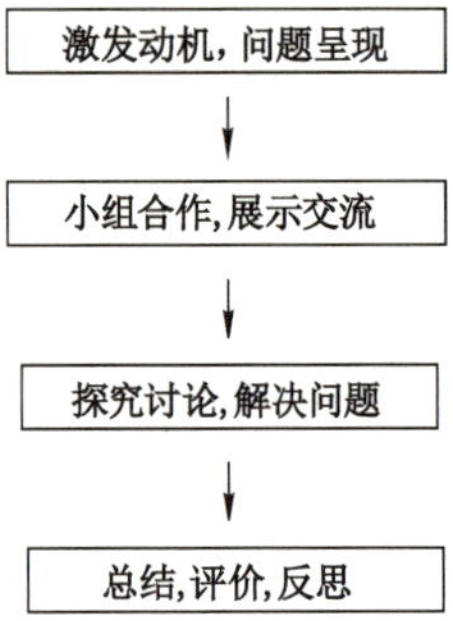

图 6-2　教学流程

（一）问题呈现

教师在一节课的开始前，呈现预习提纲，将本节课所要讲的知识以问题形式借助思维导图进行呈现，同时借助分思维导图支展现教学目标。这样使学生在一开始便对一堂课有一个整体的把握，使学生的课前自主学习有明确的目标和学习动机。

（二）展示交流

问题呈现后，学生通过自主学习会对不同的问题形成相应的认识。教师要创设平台，用投影让学生展示自己自主学习的成果，激发学生的学习热情，以在互教互学中解决问题。当学生进入问题情境后，要求学生将所想内容利用思维导图讲出来，将思维显性化。同时教师巡回指导可以获得及时的反馈，明确关键性的问题，为下一步在生生互动、师生互动中，共同解决大家关注的问题做好准备。

（三）探究讨论，解决问题

教师根据学生的反馈情况，了解学生对问题的把握程度，确定自己及学生在问题解决过程中的角色。

1. 教师/学生讲解

对于学生把握较好的问题，可以由学生充当小教师，向全班同学进行讲述。这样可以增强学生自信心，训练学生物理知识表达能力。教师仅需要在适当时候进行补充。

对于学生把握不好的问题和关键性的问题，教师引导学生借助各种设备一起设计实验，进行探究讨论。在解决问题的过程中要求学生将关键性的内容在思维导图上进行补充。

2. 探究学习

当问题比较明朗时，要求学生以小组合作的形式，对所学问题进行探究实验，同时针对自己的问题补充思维导图。教师也可以展示自己绘制的思维导图。实践证明，这样做能够给学生更切实有效的指导。在生生、师生思维碰撞的启发下，每个学生可以吸取别人理解的精华，对自己的思维导图进行修改完善。

3. 补充活动

针对学生的个别差异，进行个别化教育。学生个体间存在较大的差异，即无论是在智力、学习态度，还是在学习能力、学前训练等方面都存在差异。教师需要注意这种差异，进行个别指导。

（四）总结评价与反思

学生对知识的掌握需要一个过程。经过前三个阶段的努力，学生需要将琐碎的知识整理和固化。这个阶段是检验学生对所学内容的理解程度。可以让学生冥想课堂所学，对解决问题的思路进行梳理。教师要对学生的表现给予及时地表扬与鼓励。教师最后可以为学生布置作业：重绘思维导图，对学习内容进行反思和提炼。

第二节 思维导图新课教学案例分析与总结

一、“飞机为什么能上天”教学案例

（一）教材分析

1. 地位作用

“飞机为什么能上天”是对前面所学“压强”内容的补充和延伸。前几节内容所学的压强属于液体或气体处于静止状态。因此本节补充流体压强的知识，研究流体在流动情况下的压强的知识，同时拓展到飞机和水翼船的升力，使学生认识到这个升力才是使飞机和水翼船升起来的原因。本节内容与实际联系较为紧密，能很好地激发学生学习物理的热情。

2. 教学内容

本节内容分为两部分。一是流体压强与流速的关系，是本节的重点；二是

机翼的升力是怎样产生的。第二部分是作为第一部分的结论的实际应用，是本节教学的难点。本节内容反映“从生活走向物理，从物理走向社会”的理念。在教学中要体现“做中学”，“学中做”的体验式、参与式的教学思想。

3. 教材目标

(1) 知识技能目标

① 了解流体压强与流速的关系。

② 了解飞机的升力是怎样产生的。

(2) 过程方法目标

① 通过观察和实验探究流体压强与流速的关系，培养学生的实验能力与分析概括能力。

② 通过分析飞机和水翼船的升力是怎样产生的，培养学生运用知识的能力，使学生体验科学、技术、社会的紧密联系。

(3) 情感态度目标

通过解释实际生活中的事例，培养学生探索物理知识的兴趣。

4. 教学重点及解决措施

(1) 教学重点

流体压强与流速的关系。

(2) 解决措施

提高课堂效率，编制导学图。在导学图的指引下，创设学生参与学习的和谐的教学情境，激发学生参与学习的动机和热情；设计一系列的小实验，让学生以小组合作探究的方式完成实验设计及展示。学生真正成为课堂的主人，这实现了学生在“乐中学”，“学中乐”。最终加深学生对流体压强与流速关系的认识。

5. 教学难点及解决措施

(1) 教学难点

飞机升力的产生。

(2) 解决措施

通过实验演示让学生真正信服。学生难于理解升力产生的原理。可以类比水流，从截面较小的地方流到截面较大的地方，流量不变。所以，先做液体流速与压强的演示实验，让学生体会截面小的地方流速大、截面大的地方流速小。

(二) 教学设计思想

① 教学设计中重视预习过程，给学生展现的机会，为学生课前的自主学习创造有力的支持平台，体现“先学后教”的教学理念。借助思维导图，关注学生原有的前概念，让各个层次的学生在自己的“最近发展区”内去自主探究，澄清认识，最终完善导图，升华认识。

② 教学设计中突出学生的参与体验。小组合作的方式贯穿始终，提高学生的学习积极性和创造性。内容设计集中体现从生活走向物理、从物理走向社会的理念。

③ 使用导学图，引导学生全面地把握整体知识结构。实现学生认识上的三次提升。

(三) 教学流程

教学流程包括激发动机，问题呈现；小组合作，展示交流；探究讨论，解决问题；自我反思，知识内化。

(四) 学习者与教师分析

1. 学生特征

① 通过预习，学生已经对该内容有了较为充分的认识，所以对课堂有积极的期待、有展现的欲望。

② 学生年龄在 14～15 岁之间，对“飞机为什么能上天”这样的话题本身就有求知欲，所以需要教师给学生创造充分的展现平台。

③ 部分学生思维不够灵活，对老师讲解依赖性强；部分学生思维为冲动性，反应较快，课堂表现活跃，但深入程度不够。

④ 学生的实验设计能力及物理语言表述能力需要锻炼。

2. 教师特征

① 有一定的教学经验，组织能力，能研究教材研究学生，亲和力较强。

② 能认真设计课堂教学，善于为学生积极参与课堂创造平台，活跃课堂气氛。热爱学生，与学生相处融洽。

(五) 教学策略与教学手段

1. 教学策略

教学各个环节都要给学生创造参与的平台。首先学生在导学图的指引下，进行了预习，课上第一环节带领学生进入课堂中的预习交流环节，在学生小组讨论与展示交流之后，提出问题：自己利用桌上器材设计实验验证气体压强与流速之间的关系，学生动手参与一系列的随堂小实验，丰富了感性认识，学生全员参与、深化了对气体压强与流速的关系的理解，教师带领学生进一步探究飞机的机翼模型，同时演绎到轮船船翼、到生活中的汽车气流偏导器，火车站台“安全线”的物理意义，到体育中的香蕉球等等现象的解释，到最后学生完善思维导图的过程真正让学生动手、动脑、动笔，导学案的设计让学生从课前探究—课内探究—课后探究，“做中学”，“学中做”，每一个环节都是以任务驱动为中心环节来创设参与学习的支持性平台。

2. 教学手段

演示实验与学生实验相结合。

（六）教学过程

1. 预习交流

教师提出“关于飞机为什么能上天，你有哪些想法和认识”的问题。学生首先小组内交流讨论，展示预习成果（图 6-3），然后全班交流（图 6-4）。

图 6-3　小组内交流

2. 探究流体流速与压强的关系

教师让同学们根据桌上的实验器材、自己设计实验，验证流体压强与流速的关系。学生开始做实验（图 6-5 和图 6-6）。

3. 探究飞机的升力

教师提出“飞机的升力是怎样产生的呢”的问题，并且提示：飞机的机翼与鸟的翅膀有相同之处——都是流线型。学生演示和描述现象，最终解释现象产

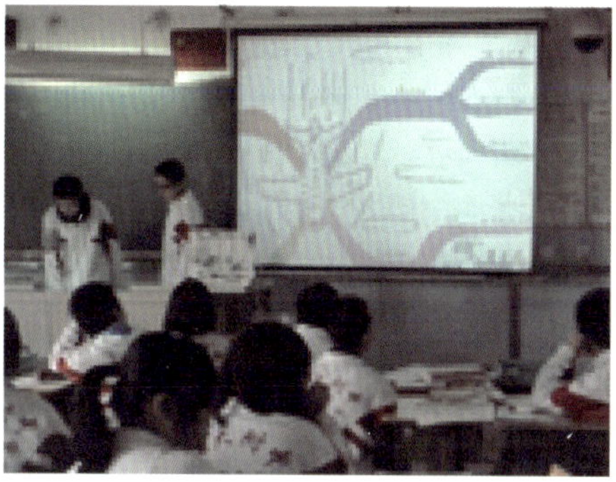

图 6-4 全班交流

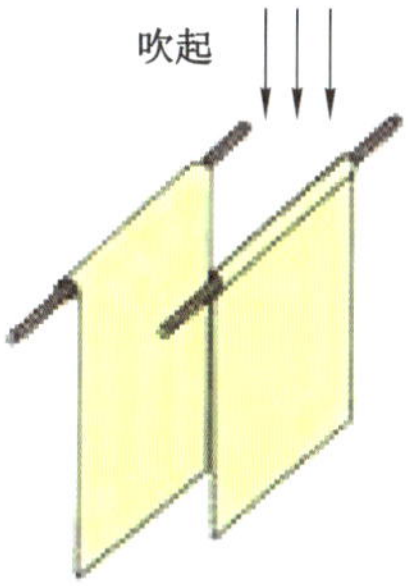

图 6-5 吹起

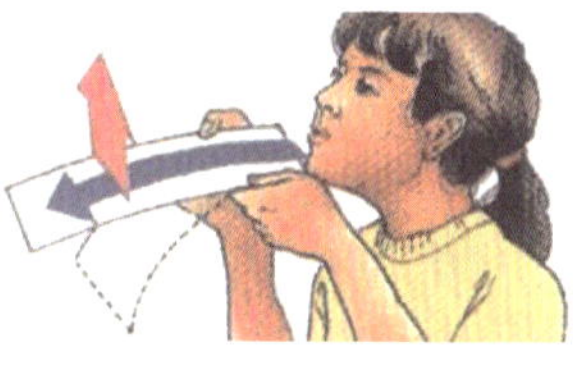

图 6-6 吹气

生原因(即在气体流动中,流速越大的地方压强越小)。

4. 探究液体压强与流速的关系

教师演示液体压强与流速的关系。学生开始活动:首先叠两只小纸船,放进事先准备好的水盆里;然后向船的中间划水或用注射器注水。学生会发现"两船靠近相撞"的现象。学生分析产生现象的原因(液体流动时,流速大的地方压强小)。

5. 应用检测

教师提出以下问题让学生思考。① 火车站台上“安全线”有何意义？② 香蕉球为什么可以绕过人墙进入球门？③ 飓风为什么可以掀掉屋顶？④ 两辆并排行使的船为什么必须保持一定距离？

学生思考后，首先小组内交流讨论，然后全班交流讨论。

（七）教案说明

“支持学生参与学习”即指“教师要努力创设主动探索的空间，让学生有动脑思考、动手操作、动笔尝试、动口表达的解决问题的时间与空间，使其外部活动逐渐内化为自身内部的智力活动，从而获取知识、发展智能，以更积极的姿态自主参与学习活动”。本节内容在设计上从课前的预习探究、到课中的预习展示、小组交流、自主实验、到学以致用、总结提升，到课后拓展延伸，都实现了学生真正意义上的自主学习、为全体学生提供了人人参与的机会，教师作为“一位顾问”实现了开发者、引导者、组织者的角色，而学生是体验者、发现者、研究者、创造者。

本节课中同时贯穿了学生思维层次上的三次升华，第一阶段，学生预习，画出整体感知图，第二阶段，根据课堂生成、课堂体验、交流完成局部深化图。第三阶段，知识内化，学生完成全局构架图，三次完成导图的过程，实际上是学生三次知识内化提升的过程。所以教师从动笔、动手、动脑方面都给学生提供了参与学习的空间和环境，从而更好地实现了支持学生参与学习的“支持——主体——参与——学习”的核心理念。

二、“光的折射”教学案例

（一）教材分析

1. 地位作用

光的折射是生活中最常见的光现象之一，也是本章的重点之一。在本节课之前，学生已经学习了光的直线传播和光的反射的相关知识，了解了光在同种介质中的传播规律。通过本节课的学习，将使学生在此基础上，认识光在不同介质中的传播情况，知道什么是光的折射，初步了解光的折射规律，并能用光的折射规律解释有关现象，同时为下一章学习“常见的光学仪器”，以及高中进一步研究光的折射规律打下良好的基础。

2. 教学内容解析

(1) 学什么

① 方法:自主习惯-合作能力-探究精神。

② 重点:光的折射定律的探究。

③ 难点:光线进入不同介质中,折射光线的偏折情况,及用光的折射解释自然现象。

(2) 为什么学

光的折射是在学习光的传播及光的反射现象的基础上进行的,是解释日常生活中许多光现象的基础。“教育即生活”生活中的很多现象都是需要用光的折射原理去解释。

(3) 注意什么

对入射光线与折射光线的辨别及入射角和折射角的确定。

(4) 怎么学

本节课堂反映了“自主合作、和谐互助”的教学理念,本节课借助思维导图整体感知,预习交流使学生内隐的前概念进行外现,在争论与实验探究中纠正学习中的盲点,局部深化,最后思维导图进行全局构架,因此实现了学生思维层次上的三次再认识。学习方式上小组合作贯穿始终,集自主、合作、探究于一体。

3. 学情分析

(1) 学生的心理特征

学生年龄在 4～15 岁之间,表现欲强,预习之后,学生已经对该内容有了较为充分的认识,所以对课堂有积极的期待、有展现的欲望。所以需要教师给学生创造充分的展现平台。

(2) 学生的知识准备

学生已经学习了光的直线传播和光的反射,学过了光路图的画法,具有探究光的反射规律的经验。通过预习导图,对光的折射现象及折射定义已经有了一定的认识。

(3) 学生的认知能力

学生注重直观的感性认识,虽然具有一定的观察能力,但还不能深入地进行理性思考,对学习过程中产生的认知冲突,还不会自主地进行探究和求证,很难从事物的现象看到本质,更不善于用理论去解释现象。学生的实验设计能力及物理语言表述能力需要锻炼。

4. 教学目标

(1) 知识技能目标

① 认识光的折射现象。

② 了解光的折射规律。

③ 能用折射规律解释有关现象。

(2) 过程方法目标

① 通过收集资料,勾画导图了解光的折射现象及折射定义。

② 通过分享与交流,认识光的折射现象。

③ 经历探究过程,体验光的折射规律的得出。

(3) 情感态度目标

① 在自主学习的过程中,培养主动学习、学会学习的能力。

② 在合作与探究的过程中,养成主动与他人交流及大胆表达质疑的能力。

5. 教学重点及解决措施

教学重点:光的折射定律的实验探究。

解决措施:通过学生预习交流,学生对光的折射定律产生了强烈的探究欲望,所以,光的折射规律是不是如同学生猜想的观点呢,教师编制导学案、让学生自选器材,设计实验、同时导学案规范学生的实验操作及实验的要求和目的,出示探究中需要解决的疑问,然后由学生以小组合作探究的方式完成实验表格的设计及实验探究,并作实验的展示和总结。

6. 教学难点及解决措施

教学难点:光的折射规律的应用。

解决措施:再次回到学生预习交流的问题中来,反复回到学生的争论点或易错点即光的折射光线的偏折情况,用光路图去正确解释生活中的折射现象。例如,使用光路图解释水中的筷子会变弯,岸上的楼房会变高,水中的青蛙视野会变宽等现象。

(二) 教学设计思想

① 建构主义学习观:知识不是接受东西,而是生成自己的经验、假设,学习一定是在先前经验基础上进行的,学习的结果是先前经验的变化,这就要求我们在教学中要重视预习过程,给学生展现的机会,为学生课前的自主学习创造了有力的支持平台,体现“先学后教”的教学理念。

② 新课程改革的重点之一是促进学生学习方式的转变，学生能否自主参与教学活动是学生能否成为活动主体的明显表现，鉴于此，我在教学设计上贯穿一个理念，即教学的各个环节都要给学生创造参与的平台，教学设计中突出了学生的参与体验，小组合作的方式贯穿始终，提高了学生的学习积极性和创造性；内容设计集中体现了从生活走向物理，从物理走向社会的理念。

③ 认知学派学习理论，指出，学生的认知结构和教学内容的匹配程度决定了教学的难度，所以在教学中一定要关注学生的认知结构，借助思维导图外化学生的隐性知识，关注学生原有的前概念，让各个层次的学生在自己的“最近发展区”内去自主探究，澄清认识，最后完善导图，升华认识。

（三）教学流程

教学流程包括预习交流，上台展示；实验探究，展示交流；问题回归，拓展提高；自收敛思维，内化提高；达标落实，应用检测。

（四）教学策略与教学方法

1. 教学策略

“支持学生参与学习”即指“教师要努力创设主动探索的空间，让学生有动脑思考、动手操作、动笔尝试、动口表达的解决问题的时间与空间，使其外部活动逐渐内化为自身内部的智力活动，从而获取知识、发展智能，以更积极的姿态自主参与学习活动”。

本节内容贯穿一个理念，即教学的各个环节都要给学生创造参与的平台，首先学生在导学图的指引下，进行了预习，课上第一环节带领学生进入课堂中的预习交流环节，在学生小组讨论与展示交流之后，提出问题：光的折射规律是不是与同学们假定的猜想一致呢？自己利用桌上器材自己设计实验验证光的折射定律，丰富感性认识，学生全员参与、深化了对光的折射规律的理解，教师带领学生用光路图进一步解释学生在预习交流中的认识冲突，使学生对光的折射定律有更深刻的理解。导学案的设计让学生从课前探究—课内探究—课后探究，“做中学”，“学中做”，每一个环节都是以任务驱动为中心环节来创设参与学习的支持性平台。

2. 教学方法

（1）学法

学生通过预习导图-展示交流-深化导图-实验探究—全局架构导图等一系列动笔、动脑、动手环节，达到学生思维层次上的三次升华，同时在学习方式上实现了自主、合作、探究相结合。

(2) 教法

通过编制导学案、小组合作及思维导图教学法，给学生创造参与学习的平台和机会。运用“支持学生参与学习的教学策略”。

(五) 教学过程

1. 环节一：预习交流，上台展示

(1) 预习交流

教师提出“如何认识光的折射现象和如何定义光的折射”的问题。学生 2 人结对子，4 人组成小组。内容准备较少的学生依据思维导图(图 6-7)先讲。4 人头脑风暴，相互补充，组长依据思维导图(图 6-8)总结发言。

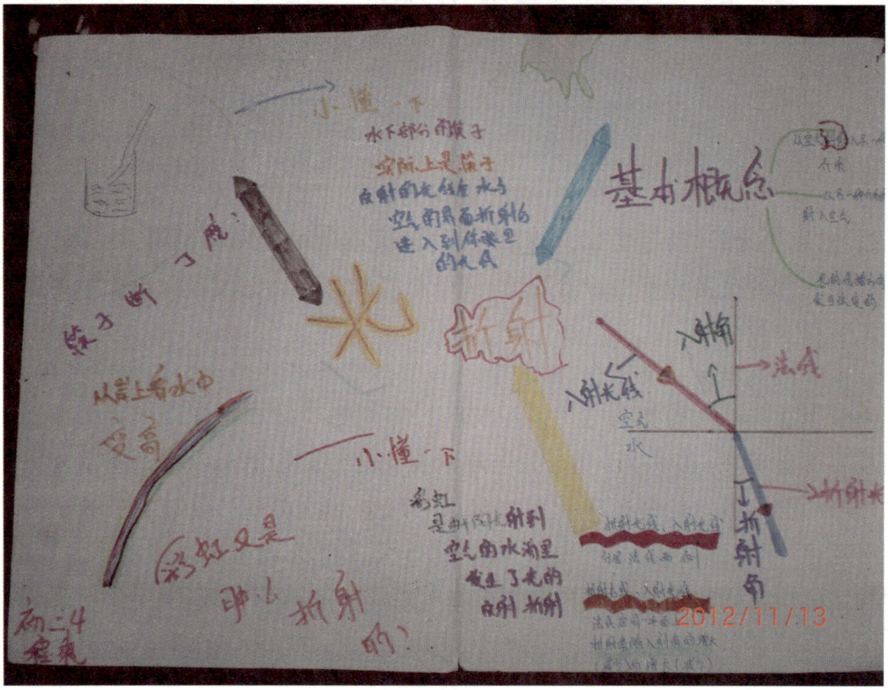

图 6-7　内容准备较少学生的思维导图

要求：① 组长负责组织、管理，总结。② 发言者：积极发言。③ 倾听者：认真倾听并提出问题。

(2) 上台展示

教师组织和引导学生上台展示各自预习准备的思维导图。一组展示思维

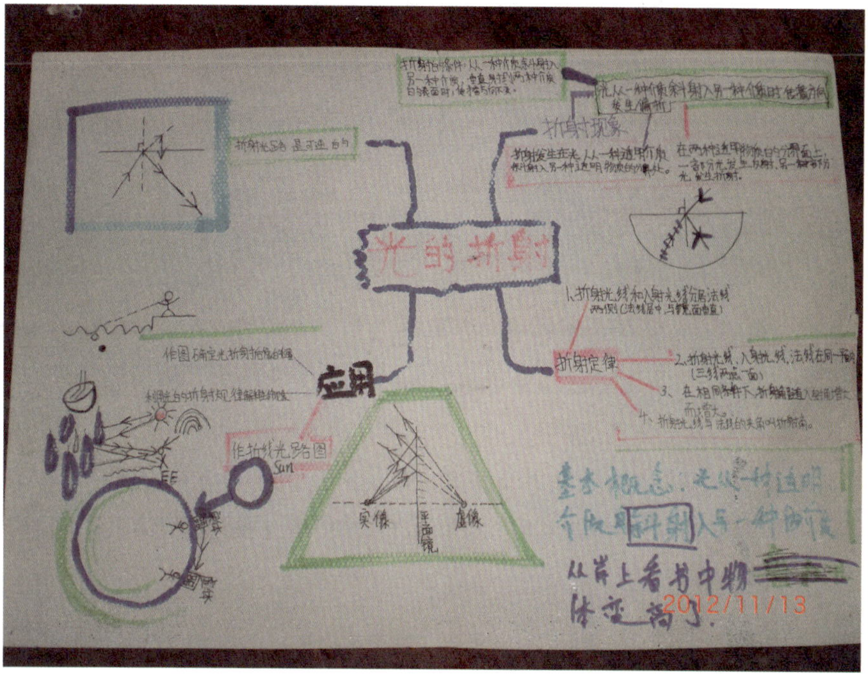

图 6-8 组长的思维导图

导图完毕后，其他组有补充或有疑问的，依次上台展示思维导图。

要求：① 展示者语言洪亮，展示规范、细致，讲解清楚。② 非展示者认真倾听，注意补充或提出问题。

2. 环节二：实验探究，展示交流

(1) 实验探究

教师让学生思考以下问题以引导学生探究光的折射定律。① 当光由空气斜射入水(玻璃)中时，折射光线与入射光线、法线的位置关系如何？② 折射角与入射角大小有何关系？③ 折射角随入射角变化的规律是什么？④ 由空气垂直入射水时会怎样？

学生以小组为单位做实验，并对实验现象进行记录和分析。

(2) 展示交流

教师补充播放“折射光线随入射光线的变化规律”的视频。学生实验演示折射现象，得出规律，补充思维导图，完成局部深化图(图 6-9)。

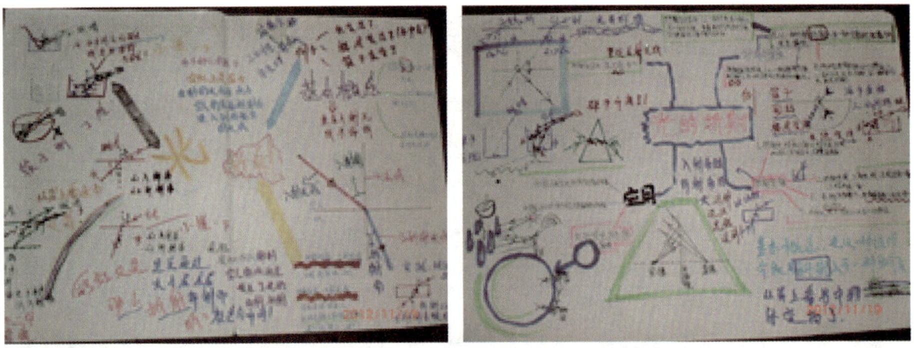

图 6-9　局部深化图

3. 环节三：回归问题，拓展延伸

教师教学生用光路图解释光的折射现象。例如，用光路图解释水中筷子会变弯（图 6-10）、渔夫叉鱼时要斜向下叉（图 6-11）、水中青蛙视野会变宽（图 6-12）。

图 6-10　水中筷子变弯

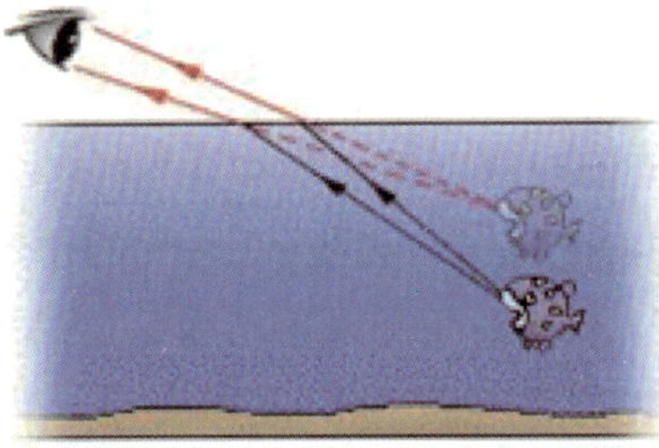

图 6-11　渔夫叉鱼原理

4. 环节四：收敛思维，内化提高

教师组织学生回顾所学知识。学生完成全局架构图。

图 6-12　水中青蛙视野变宽

5. 环节五：达标落实，应用检测

学生采用光路图完成对上述现象的原因解释。

（六）教案说明

本节内容在设计上从课前的预习探究、到课中的预习展示、小组交流、自主实验、到学以致用、总结提升，到课后拓展延伸，都实现了学生真正意义上的自主学习、为全体学生提供了人人参与的机会，教师作为“一位顾问”实现了开发者、引导者、组织者的角色，而学生是体验者、发现者、研究者、创造者。

本节课中同时贯穿了学生思维层次上的三次升华，第一阶段，学生预习，画出整体感知图，第二阶段，根据课堂生成、课堂探究、交流完成局部深化图。第三阶段，知识内化，学生完成全局构架图，三次完成导图的过程，实际上是学生三次知识内化提升的过程。所以教师从动笔、动手、动脑方面都给学生提供了参与学习的空间和环境，从而更好地实现了支持学生参与学习的“支持-主体-参与-学习”的核心理念。

（七）板书设计

板书“光的折射”导学图（图 6-13）。

三、“凸透镜成像规律”教学案例

（一）教材分析

1. 地位作用

这一节是本章的重点，是在学习上一节透镜的基础知识及其对光的作用的

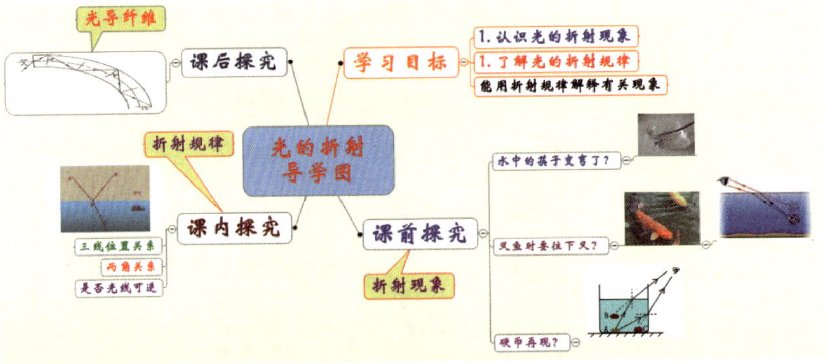

图 6-13　“光的折射”导学图

基础上，同时又是下一节“生活中的透镜”的理论基础，所以是本章的中心内容。

2. 教学重点、难点

① 重点：凸透镜成像规律。

② 难点：探究凸透镜成像规律的过程。

（二）学情分析

1. 学生的心理特征

学生年龄在 14～15 岁之间，表现欲强，预习之后，对课堂有积极的期待、有展现的欲望。

2. 学生的知识准备

了解透镜对光的作用，通过预习了解实像与虚像，了解物距、像距、焦距的测法

3. 学生的认知能力

学生注重直观的感性认识，虽然具有一定的观察能力，但是不能深入地进行理性思考。学生对学习过程中产生的认知冲突，还不会自主地进行探究和求证，很难从事物的现象看到本质，更不善于用理论去解释现象。学生的实验设计能力及物理语言表述能力需要锻炼。

（三）教学目标

1. 知识与技能目标

① 知道凸透镜成像规律。

② 进一步理解实像、虚像概念。

2. 过程与方法目标

① 通过收集资料，勾画思维导图了解实像、虚像、物距、像距、焦距等概念。

② 通过探究凸透镜成像的规律，体验探究的过程与方法。

③ 通过思维导图学会总结归纳的方法。

3. 情感态度与价值观目标

① 在自主学习过程中，培养主动学习、学会学习的能力。

② 在合作与探究过程中，体验探究的乐趣及与他人合作的能力。

（四）教学思想

① 按照建构主义理论，知识不是接受东西，而是生成自己的经验、假设。学习一定是在先前经验基础上进行的。学习的结果是先前经验的变化，这就要求在教学中要重视预习过程，给学生展现的机会，为学生课前的自主学习创造有力的支持平台，体现“先学后教”的教学理念。

② 对于探究课，一个重要的学习内容就是要体验探究过程、体会探究过程中解决问题的方法和巩固这种学习方法。需要学生把观察现象、记录数据、思考实验结果融为一体。在教学中采用问题引领-自主探究的学习方法，得出成像规律之后，继续拓展提升、问题引领、体验探究，使学生继续体会这种方法。

③ 学生的认知结构和教学内容的匹配程度决定教学的难度。在教学中一定要关注学生的认知结构，借助思维导图外化学生的隐性知识，关注学生原有的前概念，让各个层次的学生在自己的“最近发展区”内去自主探究，澄清认识，最终完善思维导图，升华认识。

（五）教学方法

在学生动手、动脑过程中，应用自主探究法、合作交流法、分析归纳法。

（六）教学过程

1. 预习交流

继续加深认识透镜对光的作用，同时理解物距、像距、焦距及焦距的测法、实像与虚像等。依据自己预习内容，画整体感知图（图 6-14）。

2. 提出问题

展示器材。提出如何测物距、如何测像距、如何找到像。得出实验操作的一些问题。等高共轴调节、试验操作顺序为：放透镜，移动物距，移动光屏找像。

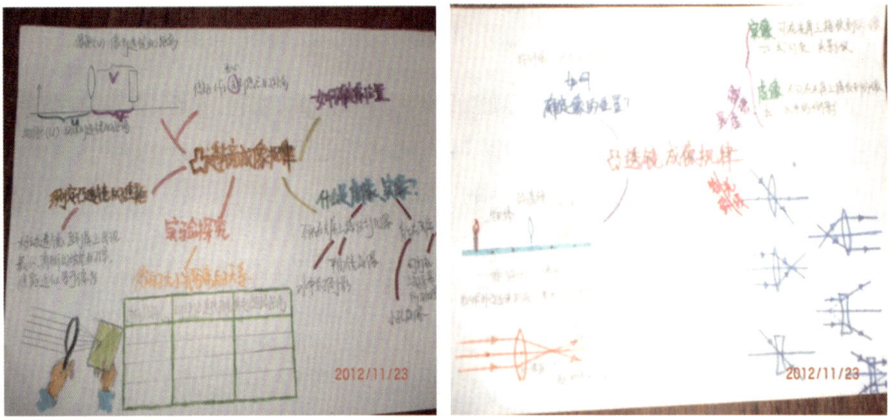

图 6-14　整体感知图

3. 设计实验

实验表格的设计可以根据学生情况，可以根据确定物距、找像距和像的性质，也可以根据给出物距范围、自己确定物距、找像和像的性质，也可以让发光体成放大、缩小、等大的像来量出物距、像距。那什么时候是等大的像？很容易得出 2 倍焦距处是像的大小的转折点。物体靠近透镜的过程是像变大的过程。物体移动，直到一倍焦距没有像，继续靠近，仍然没像，但透过透镜在另一侧却看到很大的一个正立的像。至此，透镜规律得出。通过探究，继续巩固这种探究方法。提出问题：如果把透镜遮住一部分，像会怎样？如果把透镜向上移动，像会怎样？如果把物体向上移动，像会怎样？通过实验让学生感受如果物距大于像距，物和像的大小关系，甚至可以让学生判定物体移动速度和像移动速度的关系。最终让学生验证物像共轭问题。

学生通过实验加深对所学知识的理解和认识，对整体感知图进行补充，进而完成局部深化图（图 6-15）。

4. 收敛思维，内化提升

关注学生的认知结构，用思维导图外化学生的隐性知识，达到学生思维层次的三次提升。

学生最终解决虚像实像问题，学会物距、像距的测量及焦距的测法，完成全局架构图（图 6-16）。

（七）重难点突破措施

重点：学生反复经历探究的过程，不仅是学习规律，更重要的是学习这种方

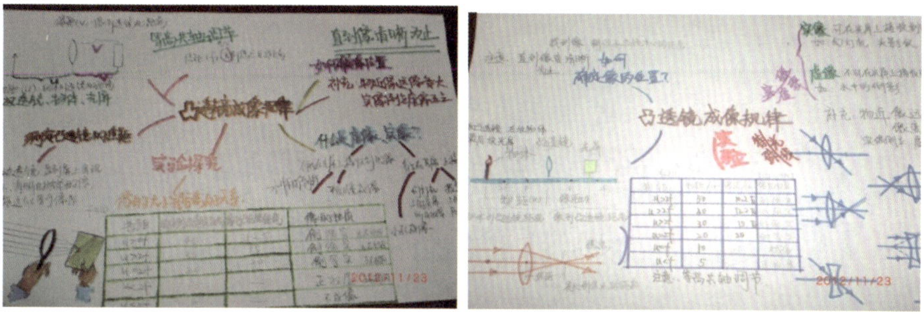

图 6-15　局部深化图

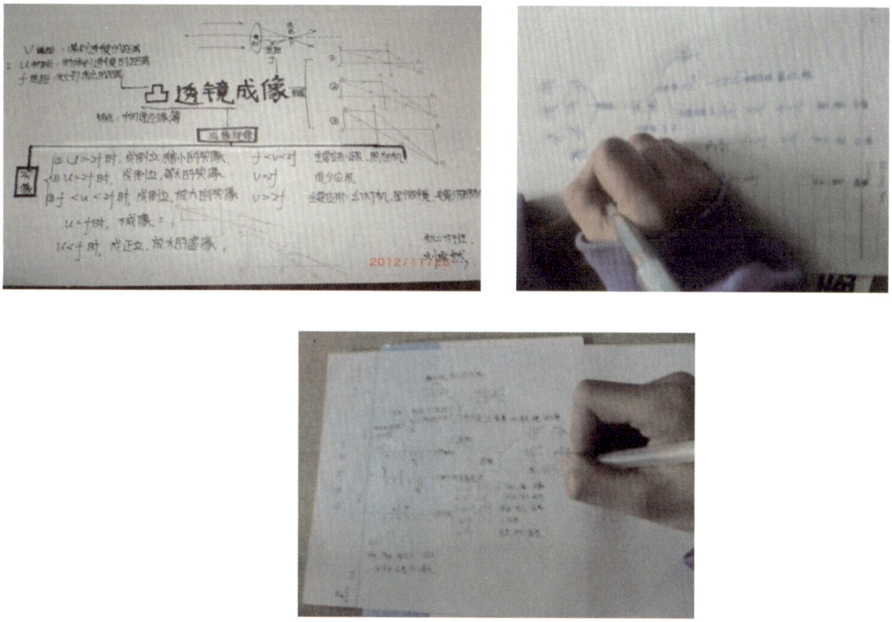

图 6-16　全局架构图

法和巩固这种方法。这是对重点的突破。学生经历三次构图，达到思维层次上的三次理解。

难点：采用传统的器材、蜡烛时，在实验过程中为什么在 2 倍焦距处物体和像就等大？跳动的火焰没法丈量，所以实验选择新型光源。利用 F 字的二极管做光源时，物体尺寸可丈量、像的尺寸也可测量。同时物像左右相反问题也一目了然。

第七章 思维导图在物理复习课中运用

第一节 思维导图在物理复习课中的使用方法

一节课是一个整体，一门学科是一个整体。中学各科教学的具体内容很多，也很纷杂，但在本质上是有紧密联系的。各科课程安排也是符合学生学习的心理规律的。为了让学生能认识到这些，克服学习中的畏难情绪，很有必要在课堂上使学生了解各知识点之间的联系，形成个人的知识网络。思维导图是一种很好地帮助学生构建知识结构的方法。

在实践的过程中应先教会学生如何进行知识梳理。利用思维导图梳理知识，可以充分开发大脑潜能。把所有的信息都组织在一个树状的结构图上。每一个分支上写着不同的关键词或短语。思维导图上又充满着色彩和图像。这样将零散的知识融会贯通，并作为一个系统“画”出来，从而将头脑中抽象思维转化为形象可感受的画面。这样思维构图能够增强大家的学习兴趣。

那么怎样利用思维导图梳理知识呢？以压强和浮力为例，介绍使用思维图梳理知识。

请看这两幅思维导图(图 7-1 和图 7-2)。

从情境入手，能够感知到这两幅图的共同点是都受到了压力的作用。压力的示意图中压力作用点一定要画在受力物体上，那么压力的作用效果与哪些因素有关呢？

请看思维导图。由图联想到，用相同的力压铅笔两端，两个手指的感觉是不一样的，手指形变程度也不一样，这说明压力的作用效果是不一样的。通过刚才的实验知道压力的作用效果与受力面积有关。在受力面积不变的情况下，所施加的压力大小不一样时，手指的感觉也是不一样的。因此猜想出压力的作用效果与受力面积有关，还与压力大小有关。这个探究过程用了一种控制变量的思想。

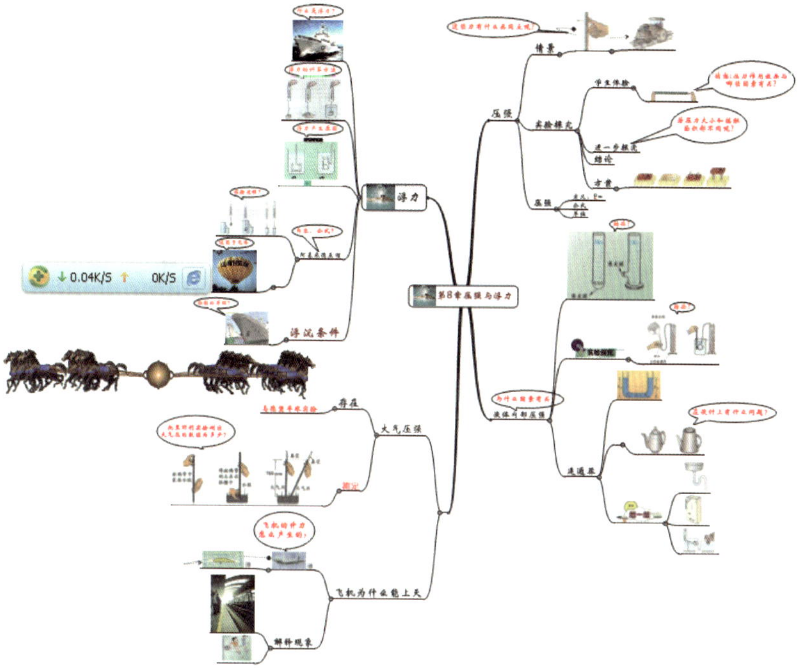

图 7-1　“压强与浮力”思维导图

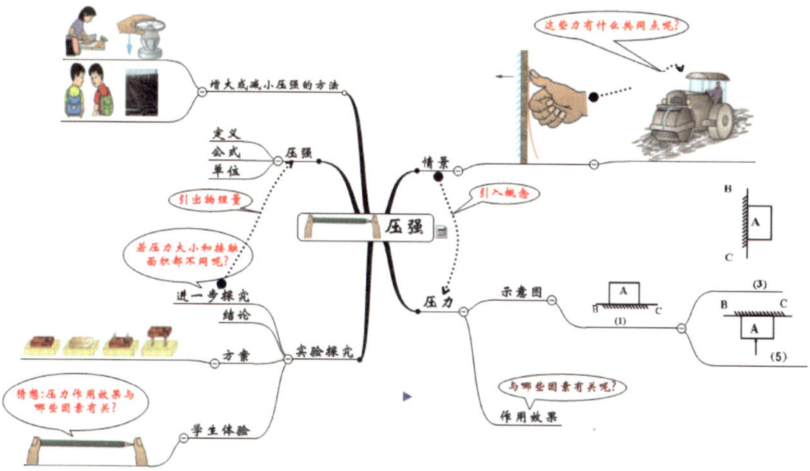

图 7-2　“压强”思维导图

下面进一步探究。通过对比图 7-1 和图 7-2 发现，在接触面积一定的情况下，压力的作用效果与压力的大小有关。对比图 7-3 和图 7-4 发现，在压力一定的情况下，压力的作用效果与接触面积有关。如果压力大小不一样，受力面积也不一样，那么该如何比较压力的作用效果呢？

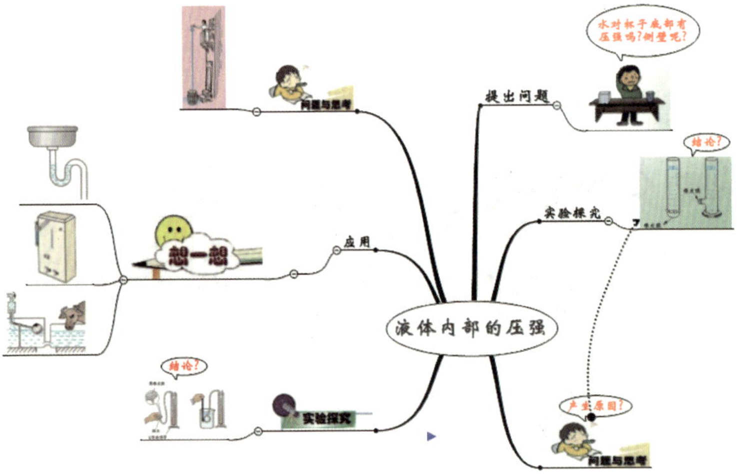

图 7-3 “液体内部的压强”思维图

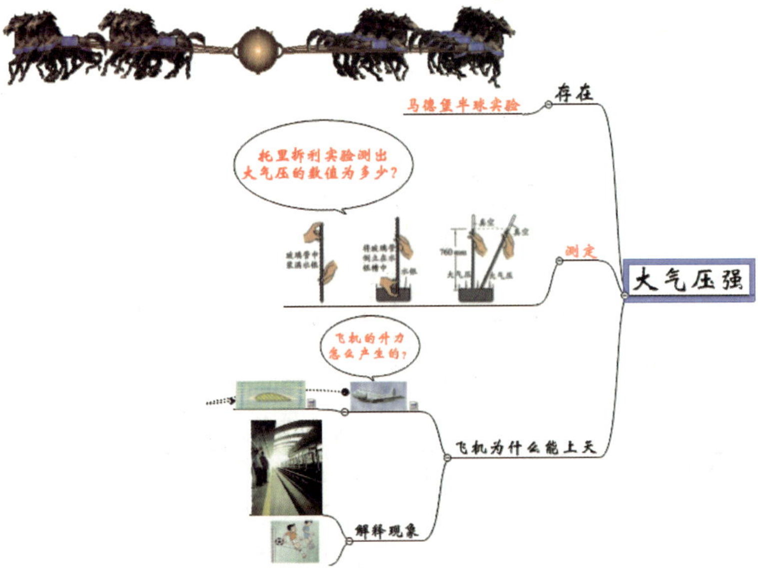

图 7-4 “大气压强”思维导图

这里需要引入一个新的物理量——压强。可以引出压强的定义、公式、单位。这里得出压强的一般定义式 $P=F/S$。

对于液体压强，先通过这幅图片(图 7-3)，联想到液体既对容器底部有作用效果，对容器侧壁也有作用效果，即液体对容器底部和侧壁都有压强。那么液体内部的压强与哪些因素有关呢？这里用压强计进行实验。用手压住压强计的橡皮膜，两 U 型管里的液柱出现高度差。压力越大，其高度差越大。所以就用两液柱差的大小来反映该橡皮膜受到的压强的大小。把橡皮膜向下压一下，U 形管里的高度差就变大，这说明：在液体密度一定的情况下，深度越深，液体压强越大。当把橡皮膜放在同一深度处，橡皮膜向各个方向转动的过程中，两液柱差并不改变，所以在同一深度处，液体向各个方向压强相等。在同样的深度，换用不同密度的液体，两液柱差随着液体密度的增大而增大。液体压强与深度和密度有关，用公式表示为：$P=\rho gh$。

连通器属于液体压强的一个应用。洗手池下水的回水管，电热水器的水位计，牲畜自动饮水器，还有水塔的供水系统、船闸等，都利用了连通器原理。

除了固体压强、液体压强，其实大气对浸在它里面的物体也有压强，称之为大气压，

是什么实验证明了大气压的存在呢？这就是历史上著名的马德堡半球实验。托里拆利实验测出了大气压的数值为多少？它为 1.01×10^5 Pa。再来讲述气体压强的应用。

飞机的升力是怎样产生的呢？看导图(图 7-4)，由此联想到飞机的机翼(类似这样的流线型的物体)。流体流速大的地方压强小，流体流速小的地方压强大。这样，机翼上方流速大，压强小；机翼下方流速小，压强大。机翼下方压强大于上方压强。所以飞机的机翼产生了向上的升力，利用流体压强与流速的关系，可以解释生活中的很多现象。

压力的作用效果称之为压强。浸在液体中的物体受到的上下表面的压力差值就是所说的浮力。浮力就是浸在液体中的物体受到液体向上托的力。可以这样计算浮力：在空气中测出一石块的重力(用弹簧测力计的示数表示)，用手托住石块时，弹簧测力计的示数会减少，两次弹簧测力计示数之差即为石块受到的手的托力。把石块浸在液体中，测力计的示数同样会减少，测力计减少的示数即为受到的液体向上的托力大小。浸在液体中的物体为什么会受到向上的浮力呢？请看导图(图 7-5)。由此联想到，将两端蒙上绷紧程度相同的橡皮膜的玻璃圆筒浸没在水中，当玻璃圆筒水平放置时，两橡皮膜凹陷程度一样，

即水平方向上玻璃圆筒受到的合力为零；当玻璃圆筒竖直放置时，橡皮膜下方凹陷程度大于上方凹陷程度，即玻璃圆筒受到的合力向上，这个向上的合力不正是浮力吗？

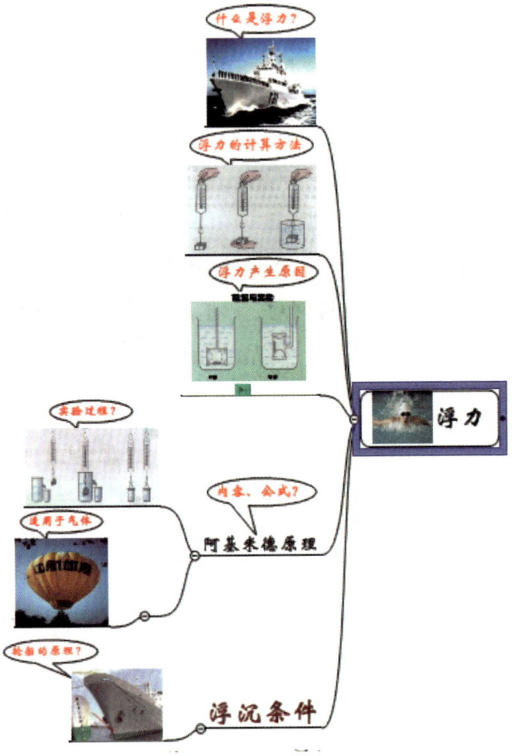

图 7-5 “浮力”思维导图

计算浮力用著名的阿基米德原理来计算。第一步，在空气中用弹簧测力计测得石块重为 G，石块进入水中后，弹簧测力计的示数为 G'，石块所受的浮力为 $F_{浮}=G-G'$。测出石块排开水所受的重力为 $G_{排}$。实验结果是 $F_{浮}=G_{排}=\rho_{液}gV_{排}$。这个实验说明浸在液体中的物体受到的浮力取决于液体的密度和排开液体的体积。浮力与物体的密度、体积、质量等都没有关系。

关于物体的浮沉条件，联想到轮船“吃水线”原理。当物体密度大于液体密度时，物体将上浮，最终漂浮；当物体密度等于液体密度时，物体将悬浮，此时浮力等于重力；当物体密度大于液体密度时，物体将下沉，此时浮力小于重力。知识梳理的确能使学生头脑中的思维条理地、清晰地呈现出来！

第二节　思维导图在物理复习课中的教学流程

一、思维导图物理里复习课中的作用

章节复习一般都需要系统总结本章内容，以往往往采取诸如1、2、3、4这样的直线形方式将本章知识内容总结一次。学生在课堂上的笔记仅仅是对老师讲解内容的机械复制。学生们一般被动地跟着老师将知识内容过电影式地回忆总结一次。等到课后，学生对授课内容的记忆已经不再完整。课堂笔记成为残缺不全的、不系统的知识记录，在学生头脑里并没有留下深刻的印象。利用“思维导图”画笔记，让学生充分开发大脑潜能、把所有的信息都组织在一个树状的结构图上。每一个分支上写着不同的关键词或短语。思维导图上又充满着色彩和图像。这样学生将零散的知识融会贯通成为一个系统，继而“画”出来。特别是一些基础薄弱、思维能力较差的学生，可以将头脑中抽象思维转化为形象可感受的画面。这样能够增强他们的学习兴趣。

二、思维导图在物理复习课中的具体操作方法

首先，课堂前10分钟让每个学生自我回忆知识，并构建思维导图。这个过程是非常有意义的，一方面训练学生提取知识与建构知识的能力，另一方面是对学生所学内容的一个考查。学习优异的学生往往所描绘出来的内容比较丰富和齐全，而学习困难的学生所呈现出来的思维导图往往是残缺不全的。每个孩子储存在大脑中的信息不一样，所以教师要给以鼓励并做适当的指导。其次，可以让学生以小组合作的形式相互讨论，思维碰撞，信息交流，补充思维导图。这个过程是学生比较喜欢的。每个学生对身边同伴的作品是比较关注的。他们善于比较和学习，同时同伴间也更喜欢沟通和交流。最后，课堂展示。教师点评补充，强调重点。学生经历三次构图的过程，使思维重点、思维过程以及不同思路之间的联系清晰地呈现在大脑中。这样大大提高学生的学习效率。

复习课要真正实现学生自主复习，就要把复习课的有效性“落实在笔尖上”，强调学生自己的动手实践。复习课教学流程包括：布置任务，呈现目标；分工合作，自主构图；小组合作，内部讲解；全班交流，头脑风暴；教师总结，凝练提升。

以“电磁现象”专题复习课为例，进行介绍。

第一环节：课前呈现任务，要求各小组成员分工准备自己最有把握的那部分内容。对于课下收集资料，孩子们还是比较积极的。他们准备的内容有错题、有典型例题、有概念辨析内容、有实验模型的再现。

第二环节：6人一组，进行构图。每一个成员都在很认真、很投入、很积极地绘图（图7-6和图7-7）。教师在旁适时给予指导（图7-8）。

图7-6　开始构图

图7-7　仔细构图

第三环节：小组内部交流（图7-9）。每个人都把自己对所画内容的认识，大声地讲给组内成员听，以达成共识。

第四环节：全班交流（图7-10）。各组展示自己的特色，向其他组分享自己的内容。这个环节很重要。因为不同的小组对同一内容的理解或认识都有所不同。同一个知识点可以匹配不同的实验、不同的题型。最终全班学生达成

图 7-8　教师适时指导

图 7-9　小组成员交流

共识。

第五环节：教师总结，凝练提升。教师对学生导图给予提炼和提升，并展示自己的导图（图 7-11）。

图 7-10　全班同学进行交流

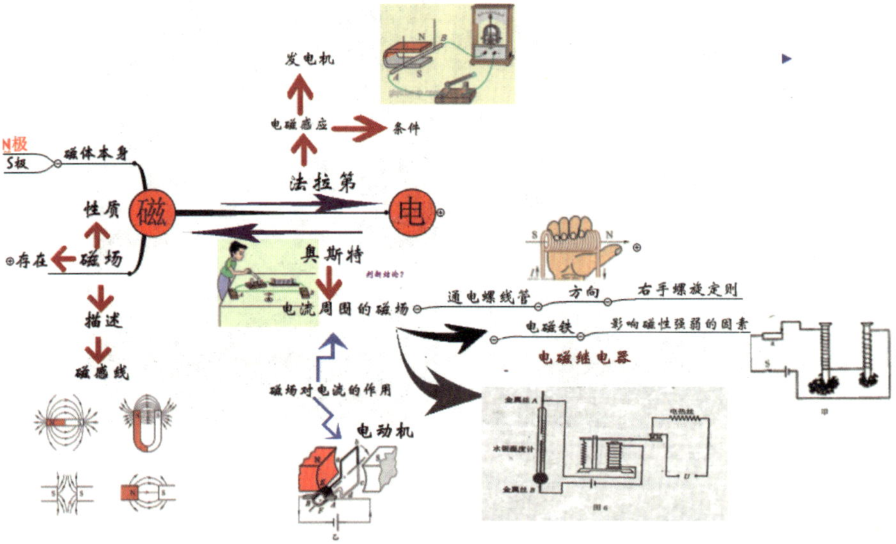

图 7-11　教师的思维导图

三、思维导图在物理复习课应用中学生成果展现

1. “物态及其变化”思维导图

某学生“物态及其变化”思维导图见图 7-12。

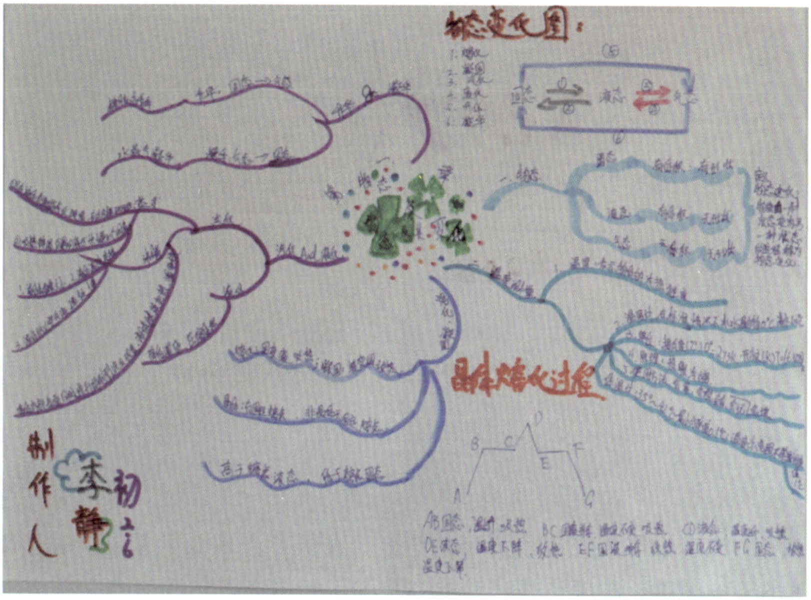

图 7-12　某学生“物态及其变化”思维导图

学生成果说明：本章主要内容分为五部分。五个主干分支是我头脑中很容易就想出来的。下来每个分支所包括的概念体系我基本也能画出一些。右上角物态变化图是老师提示，总结出来的。此图很方便把物态变化的六个过程很清晰地凸显出来。这很方便记忆，也方便我在学习中自我检测。右下角晶体熔化过程是本章的一个重要知识点，也是我容易模糊的一部分内容。所以在老师的提示下，我把它重新总结了一次。经过三次构图的过程，我明白了我原本已经忘记的内容，同时对自己的薄弱部分再次进行了加深。全图一目了然，以后复习我就有了针对性了。这就是本章内容系统的框架体系，我可以很轻松地把它重新画出来了。

某一学生“物态及其变化”电子思维导图见图 7-13。

教师对学生成果点评：本图没有太多的文字说明。整图都以重要的图形作为提示。大家“看图说话”，回忆知识的来龙去脉，还可以发散思维，自由补充，

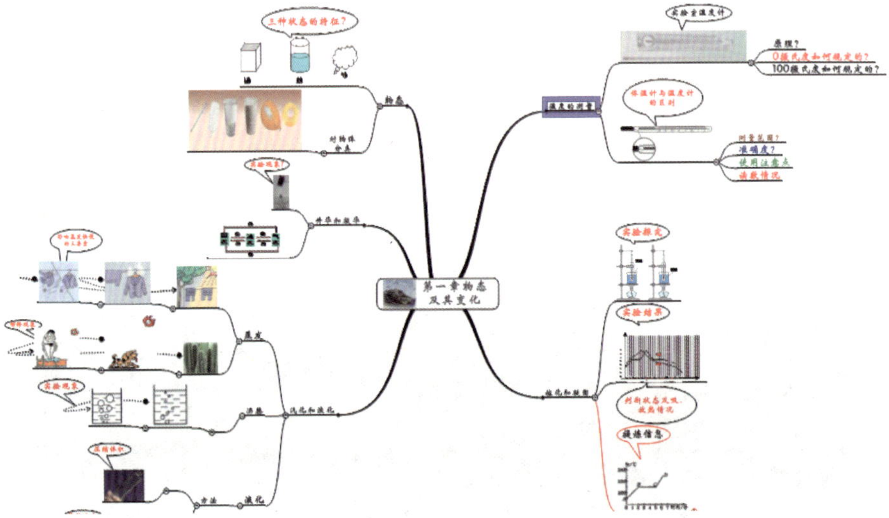

图 7-13　某学生“物态及其变化”电子思维导图

自由发挥，利于知识的记忆和巩固！

2. “常见的光学仪器”思维导图

常见的光学仪器是光现象的第二部分。在学习光现象的基础上，让学生学习常见的光学仪器。教师讲述透镜的初步知识和透镜在生活中的应用。

部分学生“常见的光学仪器”思维导图见图 7-14 至图 7-17。

图 7-14 所示的学生成果说明：我的思维导图分为四部分内容：透镜、探究凸透镜成像规律、眼睛和眼镜、生活中的透镜。重点为探究凸透镜成像规律。生活中的透镜为它的应用。因此我又把它对应地默写一次。关于近视眼和远视眼我容易混淆，因此我把眼睛的成像图画出来，这样就可以区分什么是近视和远视了。

图 7-15 所示的学生成果说明：这是本章所涉及的所有知识点。通过这次构图使我的思路清晰了很多，同时加深了对本章内容的印象。

图 7-16 所示的学生成果说明：本章内容分为四节。我用相同的颜色表示每节的内容。透镜那节用红色的表示不会的内容。后增加的内容，是我重点要解决的问题。其实思维导图也可以用表格的形式，如凸透镜成像规律用表格可以更清晰地显示内容。这样我把本章所涉及的知识点、重难点及题型全部汇总在这章思维导图上，使我复习起来方便多了。

图 7-17 所示的学生成果说明：红体字部分是我复习的重点。近视和远视应配什么透镜是我容易混淆的地方。把图再画一遍，一目了然。在透镜这一节里，焦

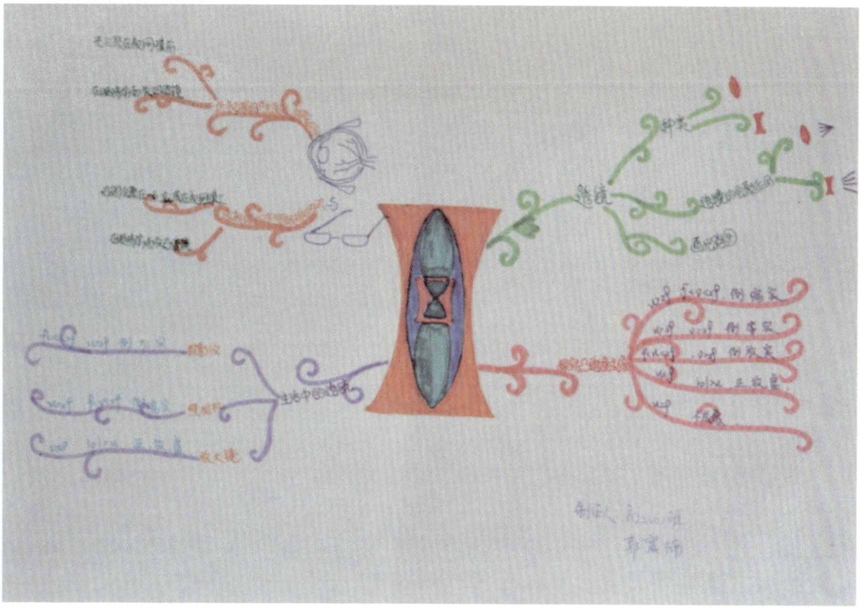

图 7-14　某学生“常见的光学仪器”思维导图

图 7-15　某学生“常见的光学仪器”思维导图

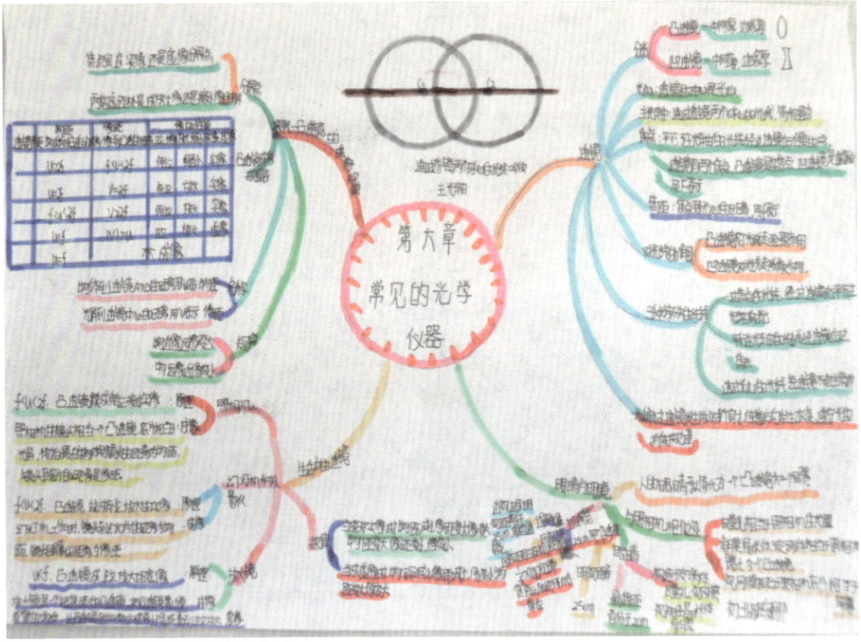

图 7-16　某学生“常见的光学仪器”思维导图

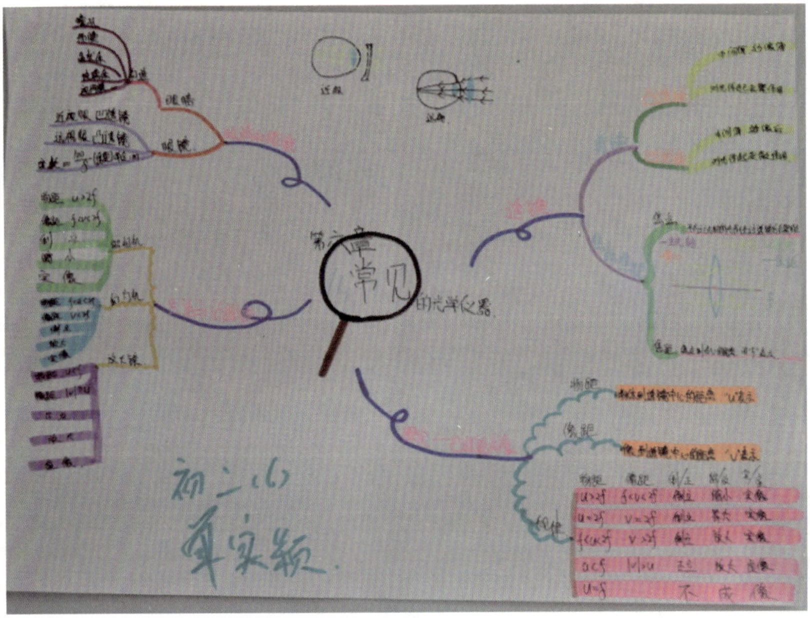

图 7-17　某学生“常见的光学仪器”思维导图

点和焦距我用图表示出有透镜:两个焦点且是对称的,同时说明光路是可逆的。

3. “能及其转化”思维导图

本章内容注重学科各部分知识之间的联系,将机械能、内能和热机几部分内容整合在一块,始终围绕能量转化这一条线,从宏观角度研究了机械能之间的转化,接着从微观角度研究了内能及其与其他形式能的转化。通过热值、热机、火箭的工作原理的学习,突出化学能、内能和机械能之间的相互转化。因此知识点看似零散,实际是有线索可寻的。

某学生“能及其转化”思维导图见图 7-18。

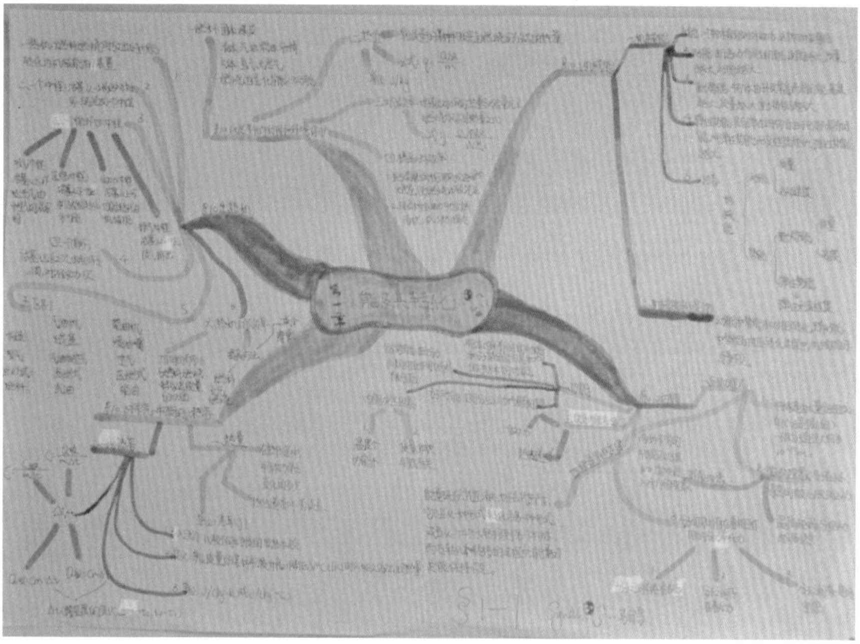

图 7-18 某学生“能及其转化”思维导图

学生成果说明:在学习完本章之后,感觉知识很零散,需要记得的东西特别多。后来仔细研读了本章的知识目录后,找到线索,先画主干(也就是整体内容框架),然后一点一点想学过的东西,归好类。最终画完的时候感觉知识很系统、很有条理了。其中红颜色部分是后来和同学讨论一起补充的。感觉这种复习方法轻松而且省时间,很容易就记住了知识点。

4. “运动和力”思维导图

部分学生“运动和力”思维导图见图 7-19 至图 7-22。

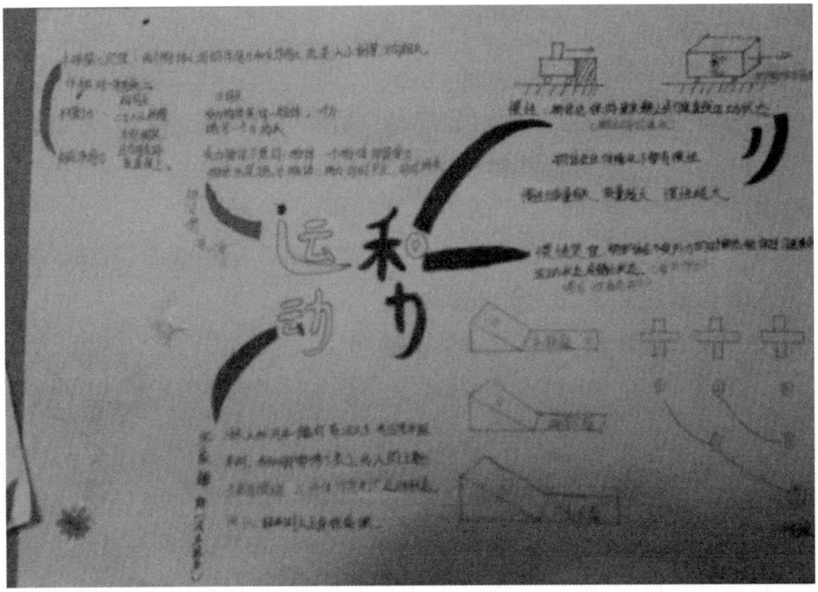

图 7-19　某学生“运动和力”思维导图

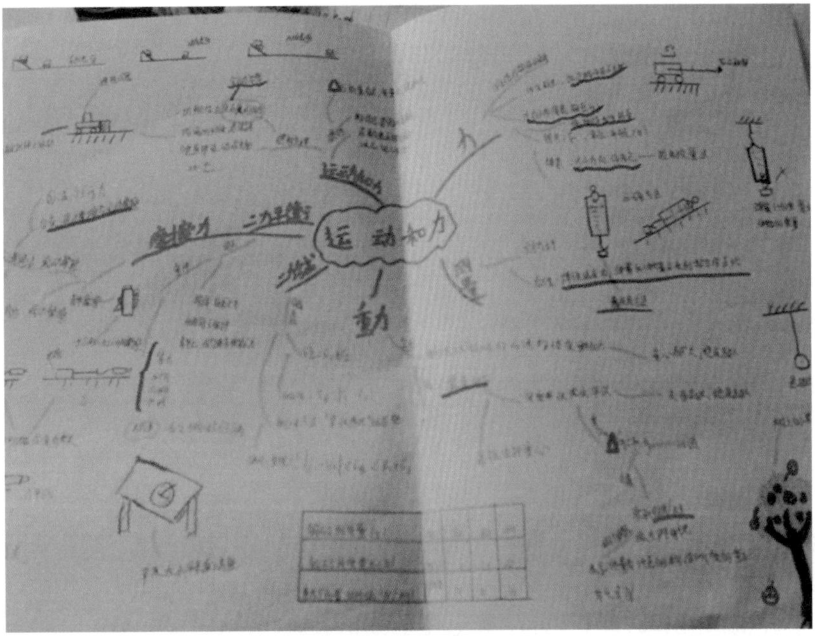

图 7-20　某学生“运动和力”思维导图

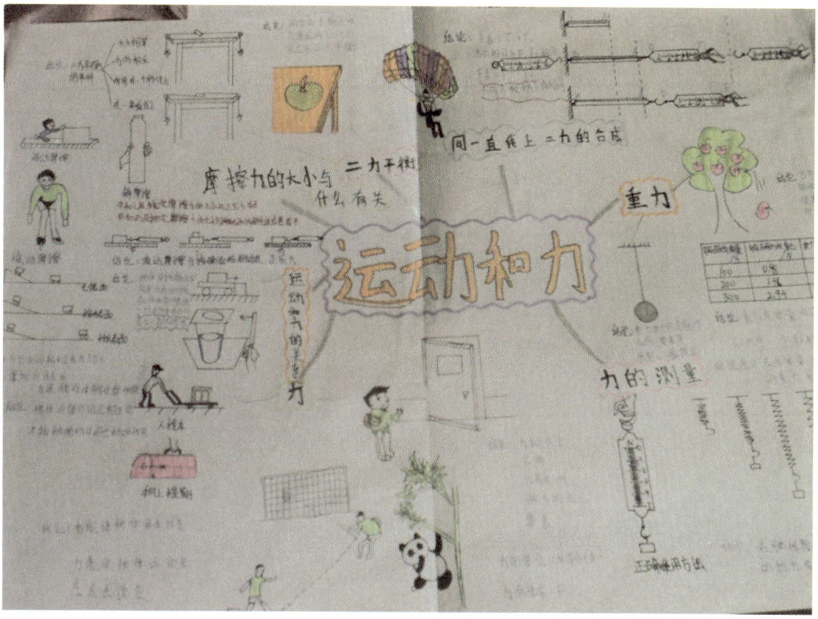

图 7-21　某学生“运动和力”思维导图

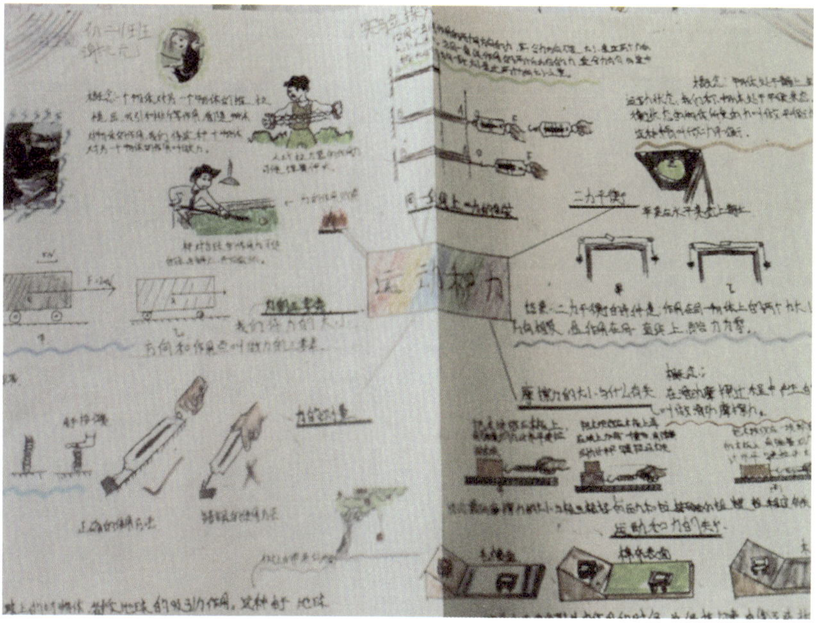

图 7-22　某学生“运动和力”思维导图

5. “压 强”思 维 导 图

部分学生“压强”思维导图见图 7-23 至图 7-27。

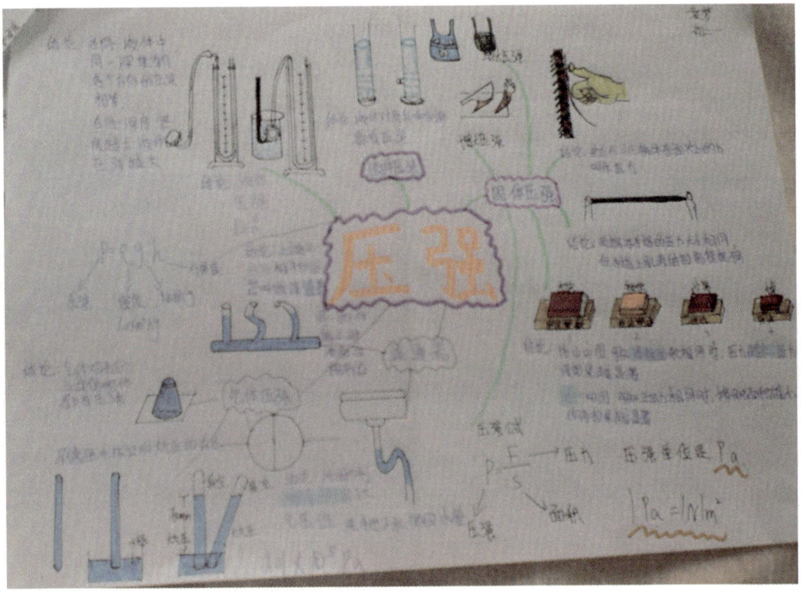

图 7-23　某学生“压强”思维导图

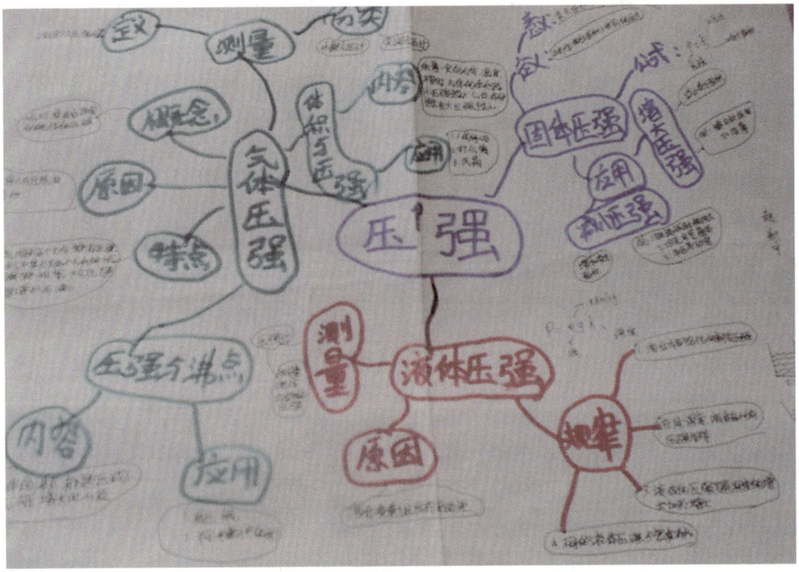

图 7-24　某学生“压强”思维导图

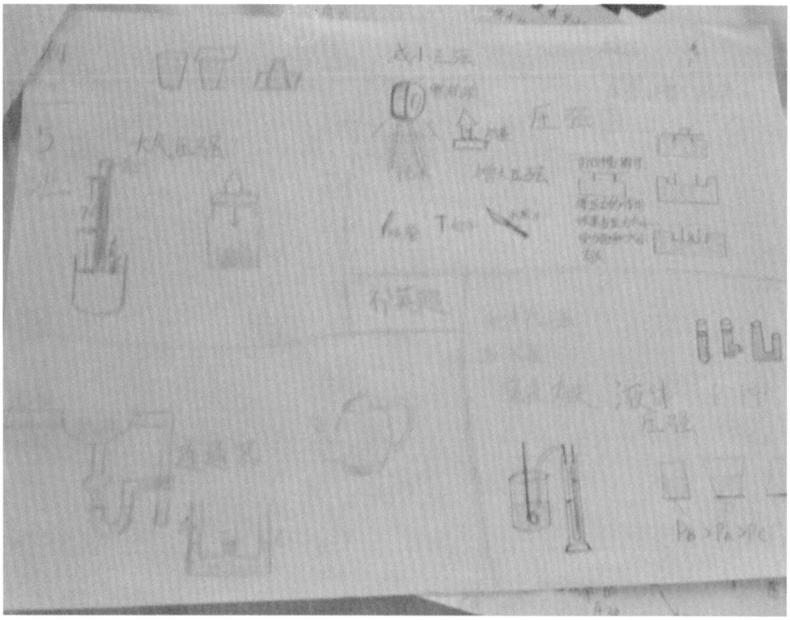

图 7-25　某学生“压强”思维导图

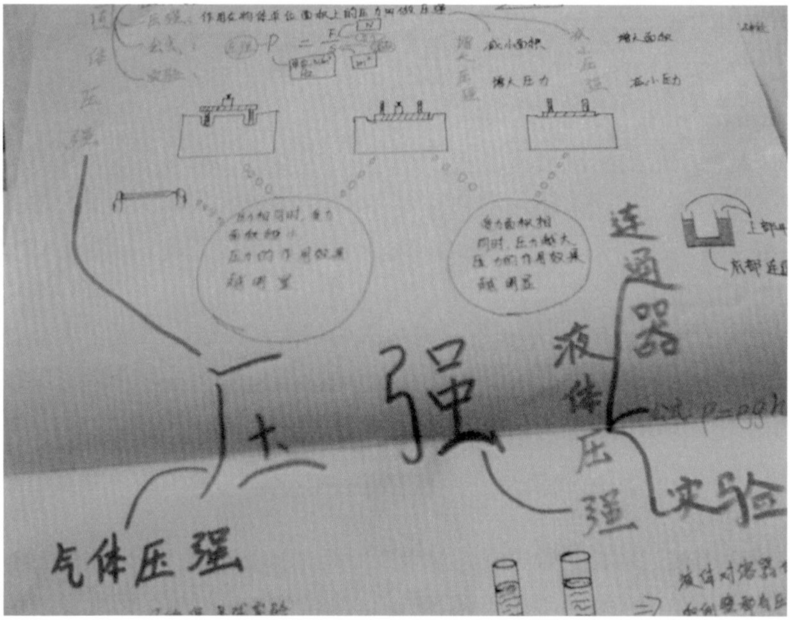

图 7-26　某学生“压强”思维导图

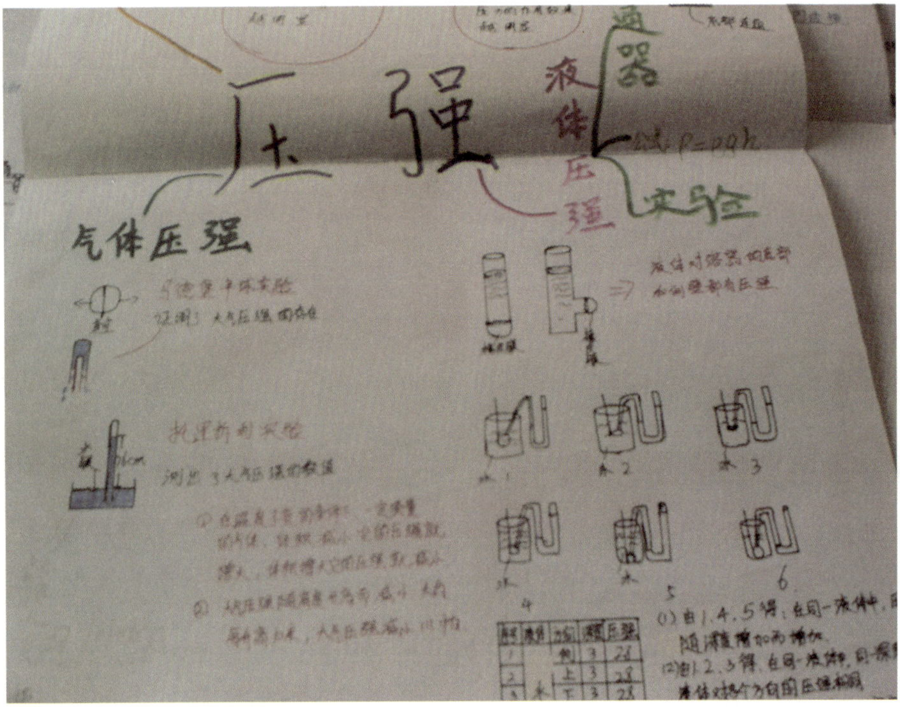

图 7-27　某学生“压强”思维导图

第三节　思维导图在物理课整理错题方面的应用

一、整理错题的必要性

在学生学习的过程中，必然会出现很多错误。如果学生形成了整理错题的习惯，那么以往的错误就会变成经验。这些经验会为学生下一步学习提供可贵的资源。整理错题不是目的，所以学生不能为了完成这个任务而去整理错题。

二、思维导图在物理课整理错题的使用方法

物理学习强调的是思维过程。学生在物理题解题练习中出现了错误，说明学生对相关概念的理解出现了错误，对概念的理解比较模糊。因此整理错题实际是对概念规律的再认识。学生的错题都是有一些共性的问题。利用思维导图把本知识点涉及的错题集中在一起，共同分析，可以找出错误的根本原因，可

以避免下次犯同样的错误。整理错题是一个非常繁琐的事情。但如果用直观的线条与关键词，分门别类，对本知识点涉及的错误进行总体分析，那么学生会一目了然，找到自己做错题的症结。简简单单的一张图，把四面八方的错题汇集一身。从图中找出共性，往往起到事半功倍的效果。采用思维导图的方式汇总错题，简洁、直观又有条理性；同时采用线条与颜色的构图方式，易于增强学生的能动性与成就感，有助于学生养成整理错题的习惯。

某学生学习一章物理课后，对本章出现过的错题进行整理，并画出错题的思维导图(图 7-28)。

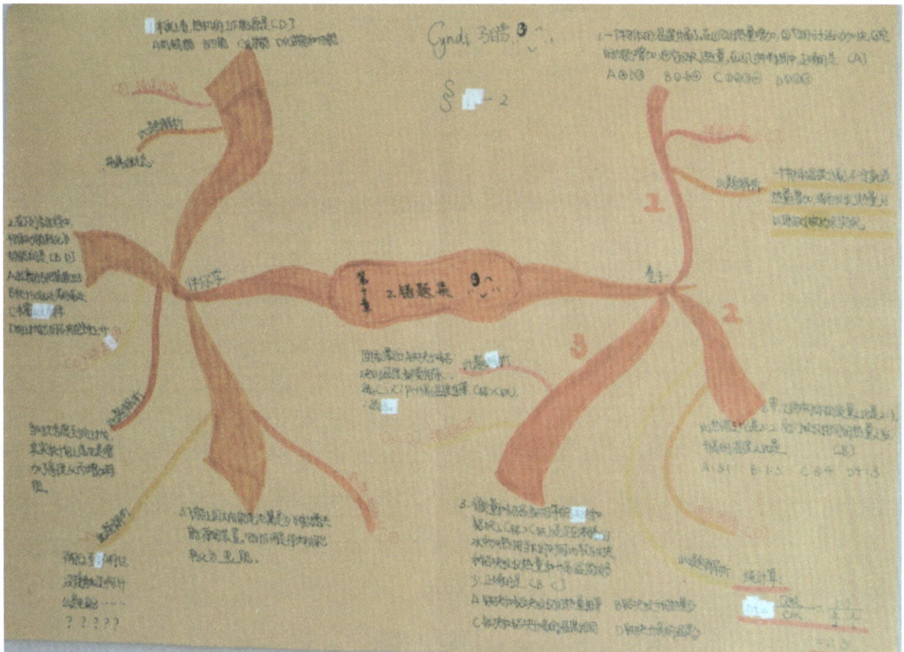

图 7-28　某学生整理一章错题而成的思维导图

学生成果说明：第十章内容学完之后，我对本章自己出现过的错题重新进行分析和归类，找出错误的根源，重新对相关概念进行总结。主题的右侧分支是试卷中的错题，其左侧是“伴你学”中的错题分析。其中还有现在仍然没明白的问题。这样本章所涉及的错题就全集中在这张思维导图上。

某学生对一学期的物理错题进行分析和归纳，并画出错题的思维导图(图 7-29)。

图 7-29 所示的学生成果说明：物理学习将近两个月了，我把本学期所学内

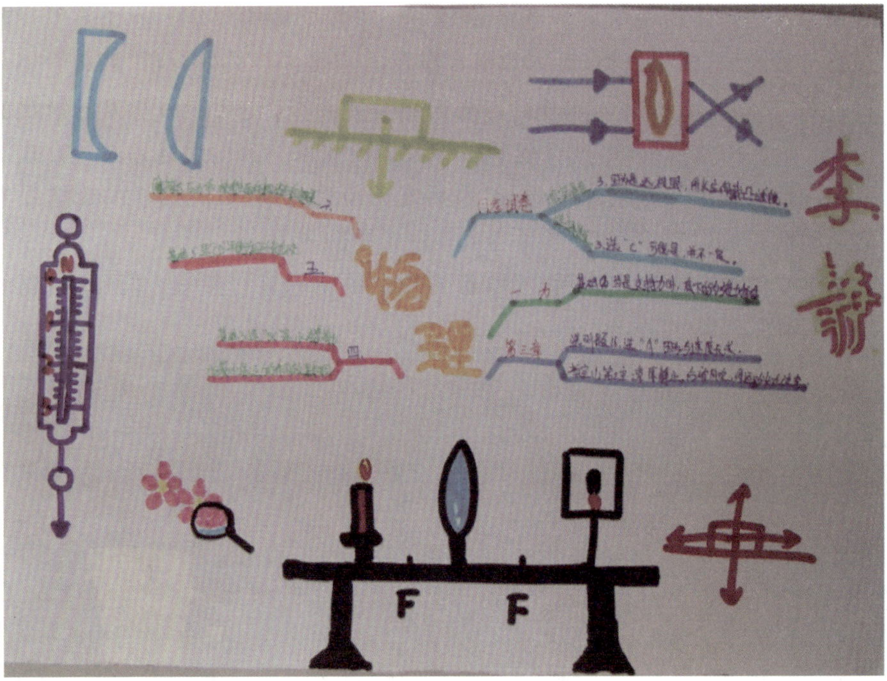

图 7-29　某学生整理一学期错题而成的思维导图

容重新归纳了一遍，尤其对错题和自己比较模糊的知识点进行了分析和归纳。导图下方正中间的透镜成像规律是我容易模糊的知识点，所以我把实物画出来，以便联想起实验过程和规律。导图最上方的受力分析是我易错的地方。平衡力和相互作用力是我容易混淆的地方。在导图的分支，我把各个章节的错误点又总结提炼了一遍，以加深对概念的理解。

某学生在期末考试前研究错题，并画出错题的思维导图(图 7-30)。

图 7-30 所示的学生成果说明：要期末考试了，老师要求研究错题，所以我把本学期所有的错题又找出来反复研究了一遍。每个概念涉及的错误都罗列出来进行总结，发现大部分是对课本上的概念理解不够深刻，同时发现一些题目又不会做了。我把这些题目找出来，有针对性地复习，觉得这样复习效率高，心里踏实多了！

三、思维导图整理物理课错题的效果

用思维导图整理错题，比常规让学生改错更容易调动学生的积极性。这种方法大大减轻了学生错题本抄题的负担，学生研究错题的质量也提高了。学生

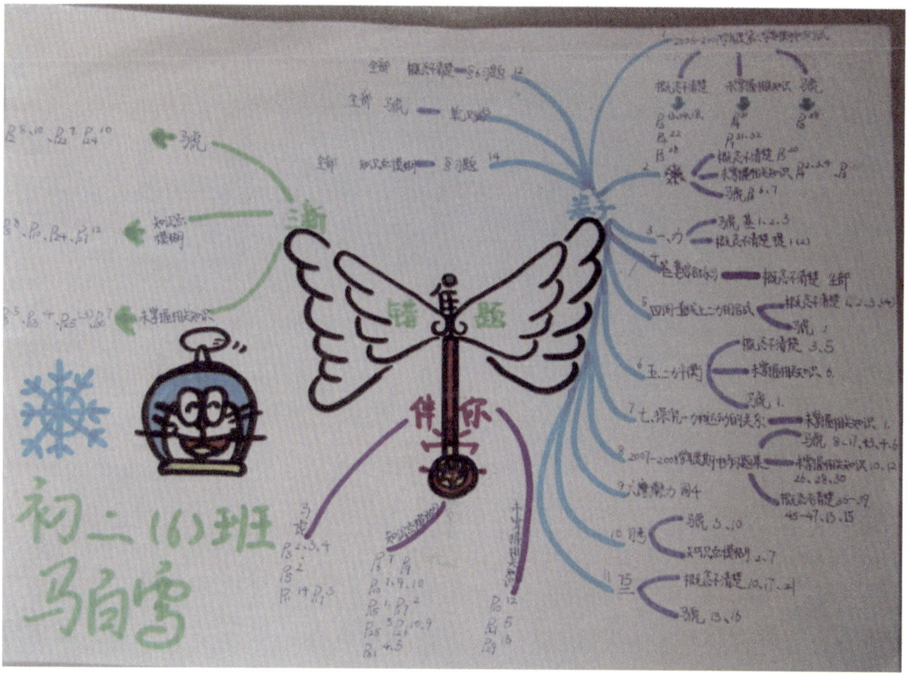

图 7-30　某学生期末考试前整理错题而成的思维导图

用一张图把所有的错题汇集一起，整体分析和归纳，对概念再认识。学生能逐渐意识到很多错题实际就是对某一概念没有完全理解。学生能够找到错的根源，找到自己的共性问题，同时节约时间。学生在复习时心中有数，及时知道自己的模糊知识点，学得有针对性，学得有效率！

第八章　总结与反思

第一节　实践结果总结

一、实践结果

从实践情况看，学生的物理成绩有了较大的提高。在实践中，采取了很多有效的教学措施，如让学生成立学习合作互助小组互相讨论解决问题。这极大地减轻了教师的负担，同时调动了学生学习的积极性。很多学生经过实践锻炼后能主动把解决物理问题画成思维导图，主动预习，改掉很多不良的学习习惯。尤其是在课前预习、课后复习和习题总结上，很多学生养成良好的学习习惯。在整个实践中，教师给了学生较大的应用空间，因此学生作品的样式五花八门，但都很有价值。最主要的是让学生感觉到学好物理的可能性和成就感。这样极大地提高了他们的学习积极性，同时拉进了教师和学生的距离。学生愿意主动配合教师学习物理，这样必然有利于学生学习成绩的提高。

采用思维导图解决物理问题的实践对不同学生的效果是不一样的。对喜欢绘图的学生来说，这种方法是一种乐趣。思维导图的直观性和美观性，能极大地调动这些学生学习的积极性和使学生体会到在此过程中的成就感。

由于采用思维导图解决物理问题的实践训练时间较短，许多学生未能养成习惯。学生对某些学习策略的掌握其实是一个同化或顺应过程。学生新的认知结构的建立需要一定的时间。另外，学生对学习策略的知识掌握并不能代表能灵活运用策略。但这样坚持做下去，学生的思维素养肯定会越来越高。这是一个长期的过程。

二、学生体会

随机选取四位学生进行调查。他们的对采用思维导图解决物理问题方法有不同的认识和理解。

朱琳认为：初二时开始接触思维导图，一开始还不知道思维导图是什么，经过老师慢慢地训练之后，逐渐喜欢上了这种图文并茂的学习方式。用思维导图回忆每节内容，用思维导图预习、复习、甚至改错。我最喜欢的是老师课前让把上节课的内容默画下来。的确思维导图的学习让我增添了物理学习的乐趣和提高了自己的成绩。

赵新宇认为：用思维导图复习，把自己想到的东西、会的东西，毫无顾忌地写出来，还有一些习题、错题。之后，我可以用思维导图做一些大题。总之，思维导图是一个可以任意驰骋、随心所欲的东西，是一个很好的、帮助我联想记忆的学习工具。

程子萌认为：每单元我用思维导图总结。课前我用思维导图默图、画图，可以画一些实验题及典型例题，可以加深我对一些题目的印象，可以巩固一些实验题。

赵坤认为：用思维导图解题的时候，一开始觉得画起来繁杂，但慢慢觉得很多题目可以通过画思维导图由不会到会，可以帮助我整理思路、打开思维的翅膀。一些不会的题目在画图的过程中，自然就解决了。所以思维导图是一个很好的思维工具。

三、教师体会

利用思维导图能极大地提高学生的学习兴趣和学业成绩。

由表 8-1 和表 8-2 可知，在实施思维导图教学以来学生的成绩均是呈上升趋势。

表 8-1　实验班初三学生(2013—2014 届)物理成绩变化

考试时间	期中	期末	一模	二模	中考
平均分	45.26	51.95	54.59	57.63	69.14

表 8-2　实验班初三学生(2014—2015 届)物理成绩变化

考试时间	期中	期末	期中	期末
平均分	66.62	69.39	76.63	85.15

学生的解题思维能力有所提高。长期以来学生普遍存在“课听得懂，题不

会做”的普遍现象。经过一段时间的训练之后，学生能够运用模式自我找到解题思路，努力开发自己的思维。尤其是让学生画解题思路以来，经过思维导图这个脚手架，学生的思路逐渐明朗，解决问题就顺理成章了。有些学生虽然最终没有把题目解出来，但通过思维导图明确了思路，能清楚自己明白了什么和想到了什么。思维导图使学生能认识到自己的症结所在。这样即使通过他人的帮助最后解决了问题的学生仍然印象深刻。教师鼓励学生画解题思维，使得学生面对题目时不再那么害怕，不至于无从下笔，大大提高了学生学习物理的兴趣。

学生个体间的自身差异（如原有学习基础的不同），使得思维导图解决物理问题的实践对不同类型学生的效果是不一样的。教师感觉这项实践对中等生的影响较大。中等生一般学习刻苦，有很强的提高学习成绩的欲望，但没有好的学习方法和习惯。开展实践以来，中等生更愿意接受训练。同时这项实践对改进中等生的学习方法与习惯有很大的积极作用。对优等生来说，他们本身就有好的学习习惯与方法。换句话说，他们本来的物理思维品质就要好一些。教师使用思维导图教学法对他们没有多么大的挑战性。本来优等生的前测成绩就高，所以看不出明显的变化。对于学困生，他们不仅学习欲望不强，学习习惯与方法也不好。已有知识是影响自主学习的重要内在因素。学生没有一定的知识基础就无法进行自主学习。学困生本来基础就差，改变他们的思维习惯与方法并不是短时间内就能完成的，这决定了学困生的思维导图提高学习能力的表现呈现延迟效应。必须同时加强对学困生进行基础知识的补习以及进行长期的有意识的关心和训练，这样才能收到更理想的效果。

教师感觉此实践对男女生的影响也是不同的。很多女学生总是认认真真地按老师要求的去做，而且坚持得很好，对该项实践也很主动配合。但男生或许因为性别差异，没有女生那样听话、柔顺、依赖等，自我比较懒散，有自己的个性，不易接受别人的看法等。所以男女生都有效果，但对女生效果更佳。

四、教师随笔

1. 随笔一

思维导图就是由一个核心概念出发，可以任意驰骋；是一种相关观念的外化。学生自由描述，表达自己的思考过程。小组内相互的好奇和交流，是思维的碰撞，是提高他们学习兴趣的一个有效手段。任何人的认知结构、思考角度是不可能一样的。正如同样的问题，不同的人会有不同的理解。因此教师在评价学生时没有正误之分。在教学时,特别是解决一个实际问题时,教师应当给他们自由锻炼的机会和自我表达的机会。在这样平等与民主的氛围之下,教师才有可能了解真实的学生,学生才有可能挖掘自己的潜能。在此前提下,教师能够提高学生发现问题与解决问题的能力。

学生不敢动笔,是因为他们太害怕失败了！教师应该给每个学生提供这样一个表达的机会。只有在每个学生自身理解的基础上展开教学才是有效有用的教学。现在有的教学偏离学生太远了！思维导图是一个媒介。这个工作一定要做!

不要急于求成,理论到实践的转化是一个长期的过程,粗而烂的东西是经不起考验的!

2. 随笔二

思维导图在激发学生学习兴趣上会给人意外的惊喜！成绩好的学生的思维导图往往有其共性的一面,他们容易记住重要的知识要点。但是一节物理课内容在学生头脑中存储的知识点却很多。思维导图使学优生往往容易联想到一些关键性的语句(包括一个例题,一个知识上的难题),这使学生的学习变得高效。中等学生的思维导图大多千篇一律,所以不一定具有创造性。成绩不好的学生却善于记住一些有趣的图画,一个动感的知识点。因此分类表扬,依次抓住教学的切入口,让每个学生都有成功的体验。记得有一个最让人头疼的学生,从来不愿意听物理课,上课不是睡觉,就是装疯装傻地打哈哈。教师想表扬他都没机会。班主任说:你不要理他。这个孩子家庭复杂,能这样已经不错了。看着这个可怜的孩子,我觉得很无奈。但是在一次思维导图的制作中,他画了我课上曾经用过的三幅画,虽然没有任何内容,但我说他是画得最好的,给予加分和表扬。他受到了极大的鼓舞。别的学生也都惊讶,竟然连他都表扬,自此学生们制作思维导图的积极性大大提高了。这个孩子也跟我认真地学起了物理。教师最大的开心在于唤起孩子沉睡的心灵。

3. 随笔三

思维导图成果总结:

(1) 有一套可遵循的教学流程。思维导图打破了传统教学中学生被动学习与低效学习的状态,是一种可操作的教学方式。当然学生对它的应用体现出差异性。优等生在头脑往往呈现的是知识点或重要的信息。而成绩不好的学生往往喜欢记住一些图画、图片。教师应适时指导,找到切入口,改变评价方式。

(2) 思维导图在复习课中的应用也是一大突破。学生个人改变了传统复习课上教师罗列知识点或教师给出知识体系的低效学习的状态，实现了把课堂还给学生的局面。采用思维导图复习是学生个人在自身学习的基础上找出知识漏洞，在图纸上呈现出大脑中的知识网络。使用思维导图复习具有针对性和实效性。

(3) 思维导图在学生错题的总结上也显现出不可替代的优越性。

4. 随笔四

思维导图是头脑中的所思所想外画在纸上的一种图式。学生在面对一个个不能解决的具体问题时，能否灵活高效地提取已有信息和调动大脑中已有的知识去解决问题呢？用这种思维导图的方式或者思想进行尝试，是真正提高学生成绩的关键。这需要一段时间的训练，甚至包括考试的内容或形式都有所改变，才能改变现状。

5. 随笔五

上午上了两节课。第一节课是高一的课。我准备充分，但是课堂讲课程序上不是很顺畅。这种短而快的授课方式我已经试用了几次了，效果良好。从学生的状态入手，简洁，干脆，直接，效果很好。再讲多了，学生的注意力就容易分散了。但一定要注意节奏的顺畅，要从哪过渡一定要提前设计好问题。

接下来是初二的课。我让学生用思维导图回忆上节所学。我表扬了一个从来不爱学物理的孩子。看他图上全是我曾经给过的搞笑的图片，我趁机表扬他。我想大家对我上节课的内容已经相当清楚了。他们能把头脑里的东西以不同的方式呈现在纸上。我想我同时给了他们一种学习的习惯，和有效学习的方法。这些被表扬的孩子们兴高采烈地做题，我一直转着给批改。而且大家积极性很高，杜绝了他们作业抄袭。这是一节高效率的课。学生动起来了，课堂活起来了，这不正是我所期待的吗？看来多尝试一些教学方法往往起到事半功倍的效果！

第二节　反思与建议

一、反思

在思维导图应于教学实践过程中，总结了以下经验。

① 思维导图在教学中的应用，是一种实验、探索。一定要引导学生接受、喜

欢思维导图。尤其要坚持“以人为本，因材施教”原则。

② 思维导图的训练要注重过程、形式与内容的结合，不能急功近利。在应用过程中，一些学生不愿意运用思维导图的原因是嫌麻烦。这不是“思维导图”本身有问题，而是教师引导有问题。教师急于让学生成图，反而加大学生负担，适得其反。教师必须根据教学内容、学生性格对思维导图的应用做出不同的要求。如何使思维导图与学科特色和学生个人情况相结合，这是教师首先要思考在解决的问题。

③ 大脑的有些功能是后天训练而成的，但却存在各个功能所对应的关键期。因此，要取得好的实验效果，最好从小学开始，按年龄、分层次、不间断地进行。

④ 采用何种办法来验证思维导图应用模式的有效性是一大难题。思维导图的应用效果并不会立竿见影，而是需要很长时间才能体现出来。思维导图应用过程中的干扰变量相当多，为测量和评价增加了难度。针对中学教育的特点，建立一套完整、合理、科学、可操作性强的评价体系，是思维导图应用的难点之一。

⑤ 传统教学强调教师的作用。教师是教学的主体，学生是被动接受者。目前比较盛行的建构主义学习理论虽然提出知识是由学习者自己建构的，教师的作用在于为学习者创设合适的情境，但是建构主义只是强调“教师对学习者建构的促进”，并没有针对“学生如何建构知识”给出答案。

二、建议

发挥思维导图在中学物理教学中的作用应做好以下工作。

① 对学生成绩的前后测评结果做好分析，做到定量研究，仔细研究思维导图对学生学业成绩的影响。

② 将思维导图教学模式与高效课堂有机结合，打造出适合学生学习的思维导图高校课堂教学模式。

③ 利用思维导图优化教学设计，不仅实现思维可视化，还要追求思维层次的螺旋式升华。

参考文献

[1] 刘仕飞,吕林,果王骋.思维导图在初中物理教学应用的综述和思考[J].物理通报,2022,(04):153-156.

[2] 饶谢清.思维导图在初中物理教学中的应用[J].家长,2023,(21):98-100.

[3] 徐晓宏.基于思维导图下初中物理课堂构建探究[J].中学课程辅导,2022,(23):54-56.

[4] 姚晓峰.思维导图在初中物理教学中的应用[J].江西教育,2021,(36):28-29.

[5] 张顺平.思维导图在高中物理教学中的应用研究[J].中学课程辅导,2023,(23):99-101.